絵で読む漢字のなりたち

金子都美絵 絵
文字解説 白川静『常用字解』より

白川静文字学への扉

太郎次郎社エディタス

絵で読む漢字のなりたち

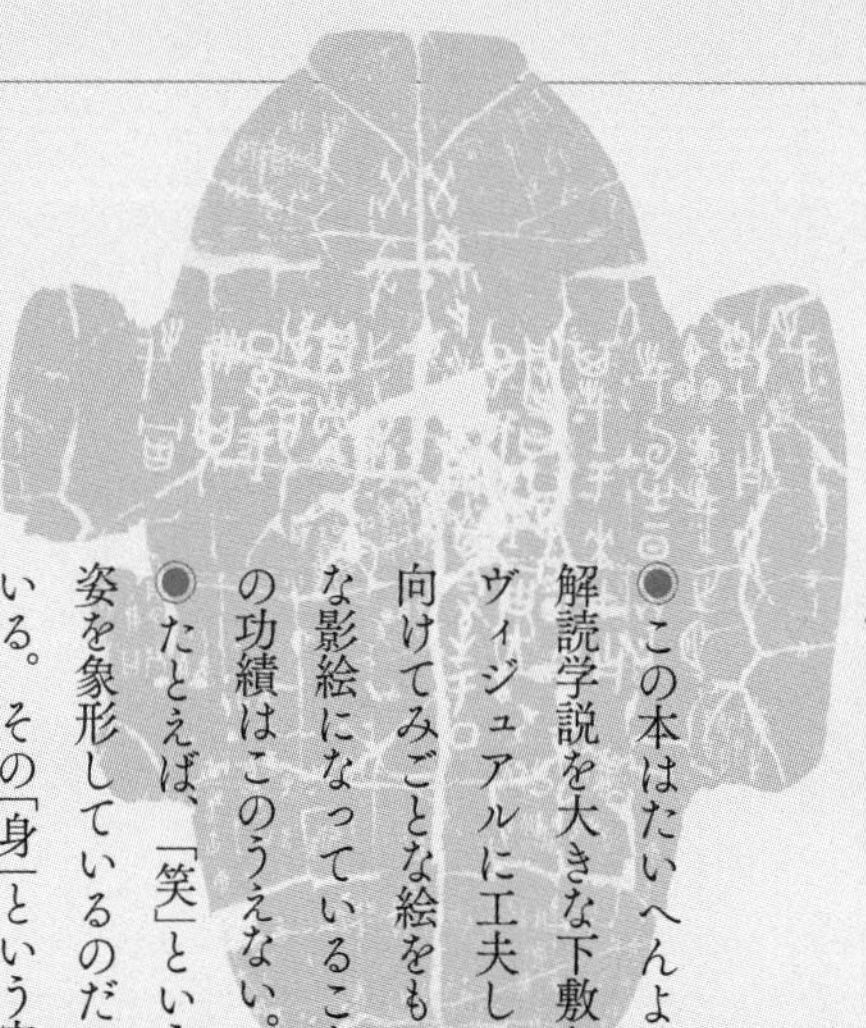

【序文】

白川漢字世界観の入口

すこぶる劇的な文字場面集

松岡正剛（編集工学研究所所長）

●この本はたいへんよく出来ている。白川静博士の独創きわまる漢字解読学説を大きな下敷きにしたことがなにより嬉しいけれど、それをヴィジュアルに工夫して、漢字の生い立ちと成り立ちを感じ入るのに向けてみごとな絵をもって充てた。その絵が動きに富むシノワズリーな影絵になっていることも、訴えるところが大きい。金子都美絵さんの功績はこのうえない。

●たとえば、「笑」という字は巫女が両手をあげて身をくねらせている姿を象形しているのだが、それが062ページの絵に鮮やかに示されている。その「身」という字は妊婦の全身を横から見た姿で、その妊婦が子を孕んだ姿が「包」になる。これらも107ページを開くとただちに了解できる。その妊婦が母となって子を背負えば、それが「保」で、そのことは032ページが如実にあらわしている。ことほどさように、ぺらぺらページを繰るたびにまるで古代中国を再現した芝居の舞台が展開されるように、漢字の意味意匠がとびこんでくる一冊なのである。

◉甲骨文や金文を基礎にかたちづくられていった漢字群は、周知のようにその質量ともに厖大なので、なかなかその背景や構造がわかりにくくなっている。そのため、それぞれの漢字たちにいったいどんな生い立ちや成り立ちがあるかということを、巻間に出回っている漢和辞典の部首や画数で百回や二百回にわたって引いた程度でイメージしようとしても、おいそれとはそのキャッチアップがおぼつかないものである。

◉そこで今度は気合いを入れて、白川博士の何冊かの著作にとりくむか、おそらくは白川字書三部作の『字統』『字訓』『字通』を愛用しようということになるだろうけれど、これは本人の努力次第ではあるものの、すぐには体に入ってこない。

◉とはいえあらかじめ強調しておくが、こうした白川本へのなんらかのイニシエーションは、漢字をふだん使ってやまない多くの日本人にとって、今後とも絶対に必要なのである。このイニシエーションはどんな場合でも避けないほうがいい。ただ、相手はなかなか厖大で、かつ骨太だ。私が白川漢字学に触れたのは一九七〇年代の最初の頃で、たちまち白川説のあちこちに目から鱗がぼろぼろ落ちるほどに感銘したのだが、それでもそこそこの数の漢字の生い立ちと成り立ちが私のなかで相互に連携するまでには、ざっと十年ほどを要したのだ。

◉というわけで、漢字にひそむ世界観を白川学を通して感知するこ

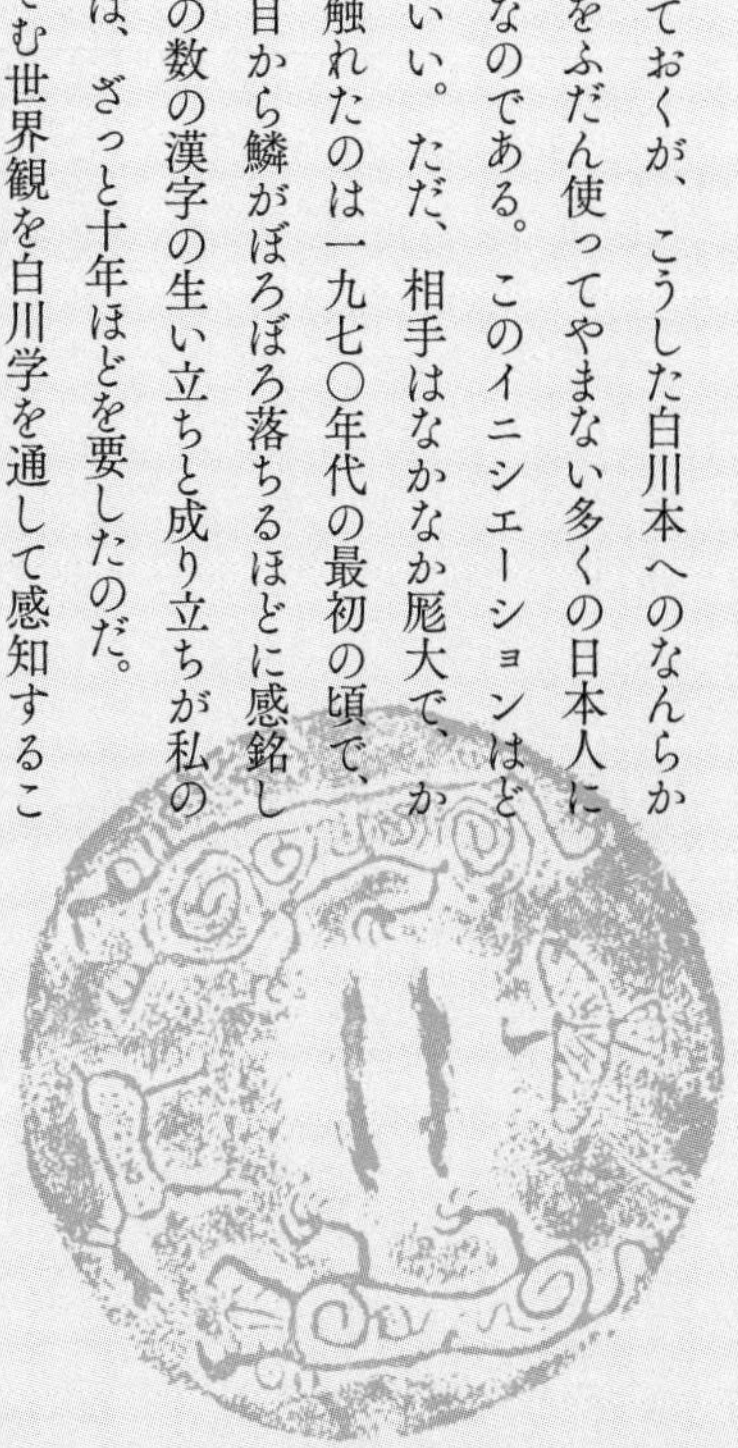

とは、日本人が東西の歴史や多言語国際社会とまじわるにあたっては、どんな学習にも先行して最重要なことであろうにもかかわらず、これがけっこうな理解力を要求されてしまうものだったのである。

◉そういう事情があるなか、本書はその難路に劇的なアイスキューブ・ブレイクな(氷を溶かすような)閃きを投じたのだった。

◉これはかんたんそうで、必ずしもかんたんな仕事ではない。なぜなら配慮によるヴィジュアル・コンテクストがなければならない。存分な古代漢字がつくられるにあたっては、文字の役割や機能は今日想像する以上にきわめて激越なもので、一方では祈りや期待がこめられている優美な象形や造形にも出会えるのだが、他方では殺傷や防御や犠牲がともなう場面とも立ち会わなければならず、その生い立ちと成り立ちを白川解釈にしたがってそのまま絵にすると、一方はあまりに神々っぽくなりかねず、他方はけっこう血腥《ちなまぐさ》いものになりかねないからである。古代漢字の本源というものが、そもそも「聖」であって「呪」であるからだ。

◉たとえばの話、教育と指導と理解ということを古代漢字がどうあらわしているかというと、「教」という字は師が弟子に鞭をふるって学ばせている光景を示しているのだし(017ページ)、「導」という字は血がしたたる生首を捧げて未踏の道を進んでいく姿であって(019ページ)、「解」にいたっては牛の角を刀でいままさに解体している様子からつくられた文字なのである(048ページ)。

●これらは今日の子どもたちにそのまま提示するには、ややラディカルすぎる。そこで本書は、このようなことを知るべきはまずは大人たちでなければならず、それでもそういう異様な姿や光景や様子のヴィジュアル化をするに、ちょっと工夫を凝らして「場面の文字絵」のようなものにして、殺伐や加害の印象を一瞬の閃きのうちに結晶せしめてみせたのだった。色のついた影絵であることもその効果にあずかっているだろう。本書はそれがみごとに成功している出来なのだ。

●では、そういうことが変な歪曲やよけいなソフィスティケーションになっているかといえば、そうではない。むしろ逆なのだ。現代のわれわれのほうが殺傷や犠牲に対して過敏になっていて、万事万物に賞味期限や過保護やリスク回避の対策を付加せざるをえなくなり、そのうえで自分たちだけが安全安心していたいというふうになりすぎたのである。

●ふりかえって、もともとの古代中国の日々では過激な「聖呪」の発現は、祭祀においても政事においても、また日々の生活においても日常茶飯事だったのだ。だから、そのくらい劇的な印象付けをすることこそが、文字の誕生にとって必要だったのである。私は、本書のような視覚的表現で古代中国を実感するのが、ちょうどいい古代漢字世界の劇的な入口になるのではないかと思っている。

［目次］

［凡例］

●本編中の絵とエッセイは、金子都美絵による。
古代文字は、白川静『新訂 字統』『常用字解』(ともに平凡社)を参考に、作者が書きおこしたものである。

●本書の各ページにある文字解説は、白川静『常用字解』による。
常用漢字以外の文字、および一部の文字については『新訂 字統』による。いずれもその解説の一部を抜きだした。

●こうした二次使用にあたっては著作権者と版元の許諾が必要であり、本書は許諾をえたうえで掲載している。

●文字解説内の色文字による強調は、本書の編集による。
また、原文を中略した部分は色つきの「……」で表記し、補足した場合はポイントを下げた色文字で( )内に表記した。

●見出し語のそばには、おもな字音をカタカナで、おもな字訓をひらがなで記し、以下の分類も表示した。
象形《しょうけい》——ものの形を象《かたど》った文字。
会意《かいい》——二つ以上の字の要素を組み合わせて新しい意味を表す文字。
形声《けいせい》——音を表す音符《おんぷ》と部首からなる文字。
仮借《かしゃ》——別の字の音だけを借りて表した文字。

一章

驚きの字源

禾《か》と人とを組み合わせた形。禾は禾《いね》の形をした被《かぶ》りもので、稲魂《いなだま》（稲に宿る神霊）の象徴であろう。

田植のとき、豊かな稔《みの》りを願って田の舞をする男の人の形を年といい、「みのり」の意味となり、禾は一年に一度稔るので「とし」の意味となる。甲骨文に「年《みのり》を受《さづ》（授）けられんか」と占う例が多い。

禾を頭に被って低い姿勢でしなやかに舞う女の姿は委で、豊年を祈って男女二人が舞い祈った。

年

ネン
とし・みのる
会意

稲穂の形の被り物で
顔を隠した
男と女を描く。

低い打楽器の音と
高い笑い声。
性的な動きと踊り。
大地を刺激し、
豊かな稔りを神に祈る
農耕の祭り。

委

イ
まかす
会意

季

キ
すえ・とき
会意

禾《か》と子とを組み合わせた形。……季は稲魂を被り、稲魂に扮装して農作物の豊作を祈る田の舞をする子どもの姿である。末《すえ》の子を季というが、……季は舞に出る末の子をいう字であろう。「すえ」のほかに、春季（春の季節）のように「とき」の意味に用いる。

穀物に宿る霊に扮して
舞う子ども。
両手を上げて踊る姿。
末子の女子は、その家の
巫女《みこ》となることが
多かったのだという。

祭

サイ
まつる・まつり
会意

月(夕。肉の形)と又《ゆう》と示とを組み合わせた形。又は手の形、示は祭壇の形。祭壇に手で犠牲(いけにえ)の肉を供えて祭ることを祭といい、「まつる、まつり」の意味となる。祭祀《さいし》というが、祭は廟《みたまや》で祖先の霊を祭ること、祀は巳《し》(蛇の形)を祀《まつ》るもので自然神を祀ることをいうが、祭る対象を厳密に区別して使用されているわけではない。

ご先祖様の祭壇に
いけにえの肉を
手で供える。
祭って神の意向を
うかがうのが「察」。
神の降りたつ
はしごの形(阝)を添えて「際」。

舞

ブ
まう・まい
会意

もとの字は舞に作り、無と舛《せん》とを組み合わせた形。無は舞う人の形。衣の袖《そで》に飾りをつけ、袖をひるがえして舞う人の姿である。無がもっぱら有無の無(ない)の意味に用いられるようになって、舞うときの足の形である舛(左右の足が外に向かって開く形)を加えて舞とし、「まう、まい、おどる」の意味に用いる。

古代中国の舞楽の起源は、
雨乞いの踊りだという。
もとは「無」という字が、
舞う人の姿をあらわしていた。
古代文字のそで飾りが特徴的。
そでに羽をつけたり、
鳥や獣の姿をして舞うことも
あったそうだ。

幸

コウ
さいわい・さち・しあわせ

象形

手枷《てかせ》の形。古い字形からいえば、両手にはめる刑罰の道具である手枷の形である。これを両手にはめた形は**執**(とらえる)、報復刑として手による犯罪に枷をはめることを**報**(むくいる)という。……**幸**はおそらく倖《こう》(さいわい)の意味であろう。

手枷だけの刑罰ですむのは、僥倖《ぎょうこう》(思いがけない幸せ)であり、重い刑罰を免れるというので**幸**というのであろう。それで幸に「さいわい」の意味がある。

殷《いん》の時代の
ごくごく一般的な刑罰。
●首をはねる
●腹を割く
●鼻を削る
●生き埋めにする
●足を断ち切る
●切り刻んで塩漬けや
干し肉にする
……など。

たしかに
手かせですむなら……。

千木のある神聖な建物と子ども、そして鞭をもつ大人。古代中国の貴族の学校。長老たちが氏族の伝統や儀礼などを教えたのだという。

教

キョウ
おしえる・おそわる
会意

もとの字は**教**に作り、**爻**《こう》と**子**と**攴**《ぼく》(攵)とを組み合わせた形。**爻**は屋根に千木《ちぎ》(交叉《こうさ》した木)のある建物の形で、校舎をいう。**子**はそこで学ぶ子弟。**爻**と**子**とを組み合わせた**𡥈**は**学(學)**(まなぶ)のもとの字である。**爻**に**攴**(鞭《むち》)を加えて、学舎で学ぶ**子**弟たちを長老たちが鞭で打って励ますこと、鞭撻《べんたつ》することを示し、**教**は「おしえる」の意味となる。

真

眞

シン
ま・まこと
会意

もとの字は眞に作り、匕《か》と県《けん》とを組み合わせた形。匕は人を逆《さか》さまにした形で、死者の形。県は首を逆さまに懸けている形で、眞は顚死者、不慮の災難にあった行き倒れの人をいう。……（顚・愼・鎭など）眞をその要素とする字の多くは、みな顚死者の怨霊を恐れ慰める儀礼に関する字である。……真は死者で、それはもはや変化するものではないから、永遠のもの、真の存在の意味となり、「まこと」の意味となる。

人が倒れている形。
身体のなかから
何かが抜けでてしまって、
もう二度と起き上がることはない。
古代の人びとにとって、
死後の世界は永遠だった。
そんな「真」の形。

首と辵《ちゃく》とを組み合わせた形。

辵（辶・辶）には歩く、行くの意味がある。金文《きんぶん》には、さらに又《ゆう》（手の形）を加えた字形があり、首を手に持って行くの意味となる。

この首と辵と又（寸も手の意味）とを組み合わせた字は導である。

古い時代には、他の氏族のいる土地は、その氏族の霊や邪霊がいて災いをもたらすと考えられたので、異族の人の首を手に持ち、その呪力で邪霊を祓《はら》い清めて進んだ。

その祓い清めて進むことを導（みちびく）といい、祓い清められたところを道といい、「みち」の意味に用いる。

「道」を描く。
ぽたり、ぽたり、
生首から血が落ちる。
一歩、また一歩、
見えない恐怖と
たたかいながら進む。
境界のむこうは
そのすべてが未知の世界。

道

ドウ・トウ
みち
会意

導

蚕《かいこ》からとった糸の、
その強さをいう。
蜘蛛《くも》の糸や蚕の糸。
昆虫の紡ぎだす
細く美しい糸の強さ。

強

会意

キョウ・ゴウ
つよい・しいる

弘《こう》と**虫**とを組み合わせた形。**弘**は弓の弦《つる》をはずした形で、その弦が弓体の外に垂れている。弓の弦に**虫**を加えているのは、おそらくその弦が天蚕《てぐす》であることを示すものであろう。その弦が他のもので作った弦よりも**強**靱《きょうじん》であるから「つよい」の意味となり、むりに「つとめる」の意味となり、さらに、むりに「しいる、しいて」の意味となった。

もとの字は弱に作り、⿰弓彡を並べた形。⿰弓彡は飾りをつけた儀礼用の弓で、実戦用の弓に比べて弓力が弱い。⿰弓彡を二つ並べて、「弓がよわい、よわい」の意味となり、のち弓に限らず、すべて力の「よわい、おとる」の意味となる。また同じ音の若と通用して、「わかい」の意味にも用いる。

弱

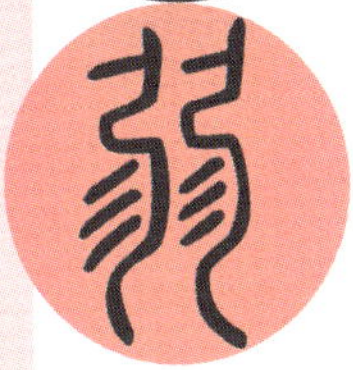

ジャク
よわい・わかい・おとる
会意

「弱」の字のイメージは、色鮮やかな羽根をつけた弓。風にのって飛んでいってしまいそうな、軽くて弱い弓。

重いかんぬきを持ち上げ、
がたんとはずし、
左右の扉を押し開ける。
文字から音が
聞こえるようだ。

開

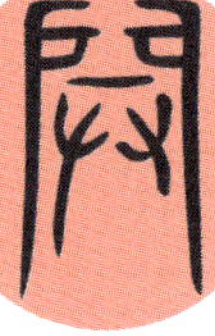

カイ
ひらく・あける
会意

閂《さん》と廾《きょう》とを組み合わせた形。廾は左右の手を並べた形。閂の中の一は門をしめるための横木である貫の木であるから、その下に廾を加え、貫の木をとりはずして両手で門を「ひらく」の意味となる。門に限らず、すべて「ひらく、あける」の意味に使う。

閉

ヘイ
とじる・とざす・しめる
会意

門と才とを組み合わせた形。才は表示として樹《た》てた目印の木。これを門に樹てて、門の内外を分ける呪禁《じゅきん》(悪邪を祓《はら》うまじない)とすることを閉といい、門の中に「とじこめる、とざす、ふさぐ」、また門を「とじる、しめる」の意味に用いる。

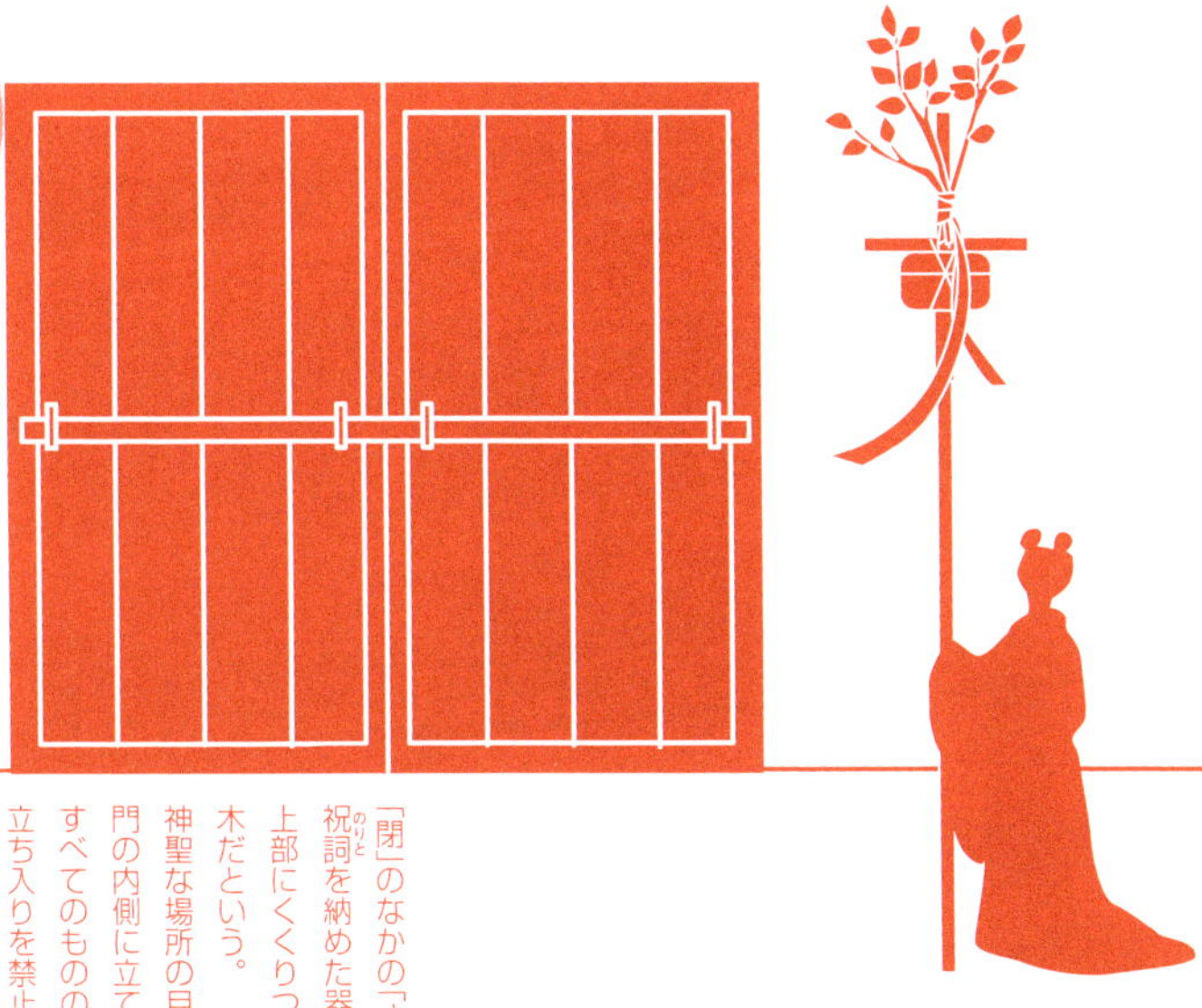

「閉」のなかの「才」は、祝詞《のりと》を納めた器を上部にくくりつけた木だという。神聖な場所の目印として門の内側に立て、すべてのものの立ち入りを禁止する。

生

セイ・ショウ
いきる・うまれる・うむ・
はえる・なま

象形

草の生え出る形。

草が発芽し、生長することから、人が「うまれる、そだつ、いきる、いのち」の意味となり、また人以外の動植物などについてもいう。「生まれたまま、なま」の意味にも用いる。

金文にみえる「百生《ひゃくせい》」は百姓《ひゃくせい》（多くの民《たみ》）の意味で、生を早くから「たみ、ひと」の意味に用いている。

金文にはまた「いのち」の意味にも用いている。

種が発芽する。
頭上の土を押し上げて
明るい光の方向へ、
若葉を広げる
めざめの姿。

すっかり骨だけになってしまった
人のかけらを、
腰をかがめて
ゆっくりと拾う。
そして拝む。
「死」の古代文字からは
そんな光景が目に浮かぶ。

死

シ
しぬ・ころす
会意

歹《がつ》と人(ヒ《ひ》)とを組み合わせた形。歹のもとの字は歺に作り、死者の胸から上の残骨の形。古くは死体を一時的に草むらに棄《す》て、風化して残骨となったとき、その骨を拾ってほうむることを葬という。このような埋葬形式を複葬という。拾い集めた残骨を拝み弔う形が死で、「しぬ、ころす」の意味となる。

面

メン
おもて・おも・つら
象形

目だけあらわれている仮面の形。神事的な儀礼の際にはいろいろの仮面が使用されたらしく、戯や劇の字形によると、虎の皮の被《かぶ》りものが使用されたことが知られる。（049ページ参照）のち顔面の意味となり、「おもて、かお、つら、むかう」の意味に用いる。顔をそむけることを偭《めん》（そむく）という。

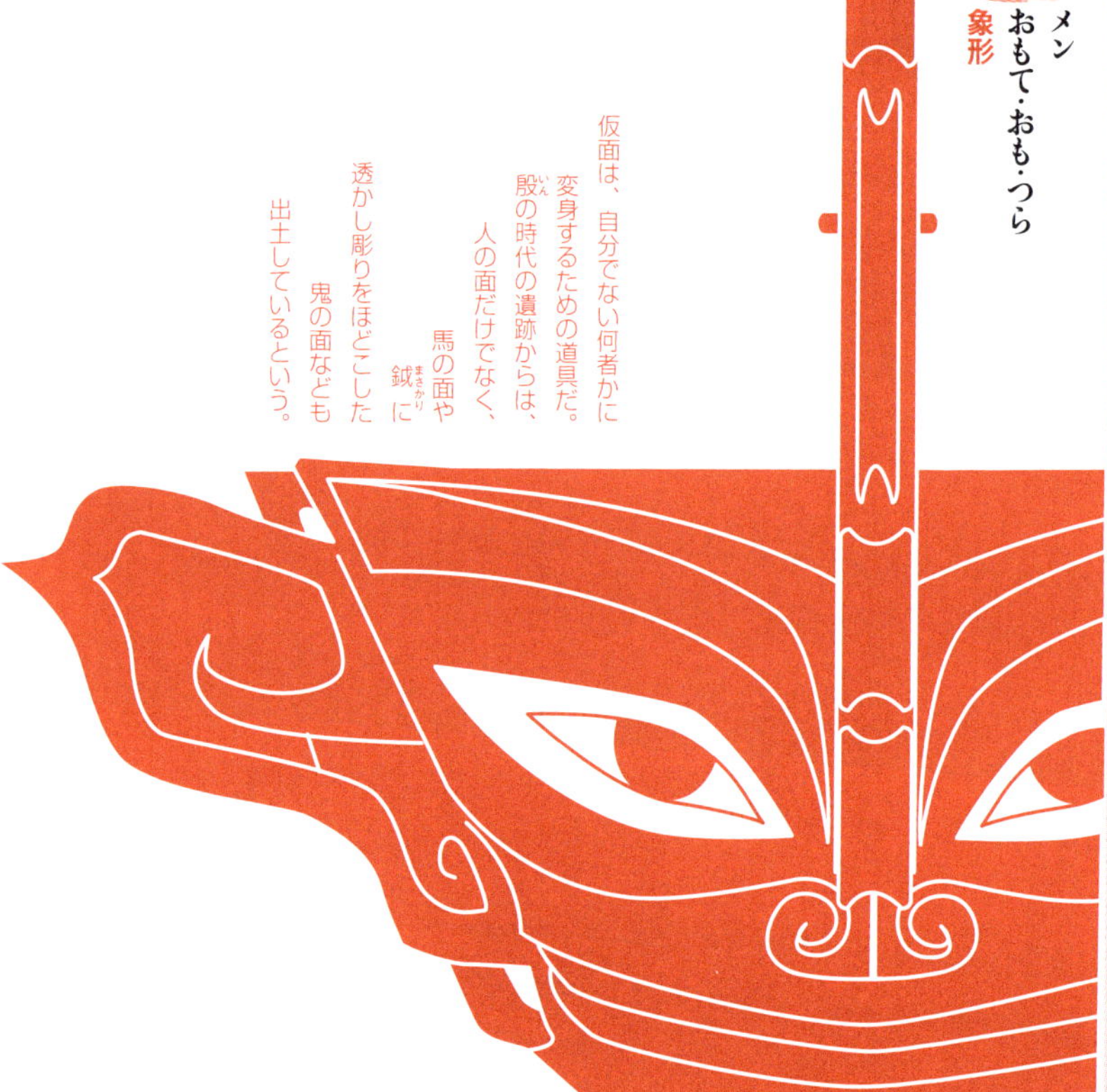

仮面は、自分でない何者かに変身するための道具だ。殷《いん》の時代の遺跡からは、人の面だけでなく、馬の面や鉞《まさかり》に透かし彫りをほどこした鬼の面なども出土しているという。

「白」の字から、
地面に転がる
器のような頭蓋骨を
イメージする。
ぽっかり空いた眼窩《がんか》は、
深く暗い底なしの黒。
空ろのどくろは真っ白で、
ひんやりと冷たい。

白

ハク・ビャク
しろ・しろい
象形

白骨化した頭蓋骨《ずがいこつ》の形。風雨にさらされて肉が落ち、白骨になったされこうべの形であるから、「しろ、しろい」の意味となる。

偉大な指導者や討ち取った敵の首長の頭は白骨化した髑髏《どくろ》として保存した。すぐれた首長の頭骨には、すぐれた呪霊(霊の力)があると信じられていたからである。それでそのような首長は**伯**とよばれた。「もうす」の意味にも用いる。

言

ゲン・ゴン

いう・こと・ことば

会意

針で、または小刀で、器を突き刺そうとしている形。誓いのことばを納めた器に刃先をたてる。刃《やいば》を自分に向けて神をおどしているのだろうか。

古い字形は辛《しん》と口とを組み合わせた形。辛は刑罰として入れ墨するときに使う把手《とって》のついた大きな針の形。口は𠙵《さい》で、神への祈りの文である祝詞《のりと》を入れる器の形。𠙵の上に辛を置き、もし誓約を守らないときにはこの針で入れ墨の刑罰を受けますというように、神に誓いをたてて祈ることばを言という。それで言は「神に誓うことばをいう、いう、ことば」の意味となる。

吾《ご》は𠙵《さい》の上に、㐅形の木の蓋《ふた》を置き、祈りの効果を守るの意味で、語は祈りの「ことば」をいう。……（言の誓いは）自分の正しいことを神に対して強く主張する姿勢を示すためである。

言語と連ねて用いるが、言は攻撃的なことばであるのに対して、語はそのような攻撃から祈りを守ろうとする防禦《ぼうぎょ》的なことばといえる。

語

ゴ

かたる・かたらう・ことば

形声（音符《おんぷ》は吾《ご》）

神との誓いのことばに蓋をかさね、祈りを守る。「語」の蓋は、攻撃に対しての防御。「言」と「語」は、まるで戈《ほこ》と盾《たて》のようだ。

戰

センいくさ・たたかう・たたかい

会意

もとの字は**戰**に作り、**單（単）**と**戈**《か》とを組み合わせた形。**単**は上部に二本の羽飾りのついた楕円形の盾《たて》の形。盾と**戈**《ほこ》とを組み合わせて、「たたかう、いくさ、たたかい」の意味となる。……国語の「たたかふ」は「楯交《たてか》ふ」の意味であろう。

單は楕円形の盾。狩猟に使う場合、𠙵《さい》と犬を添えて「獸」となる。古くは狩猟を「獸」といったという。軍事に使う場合は戈《ほこ》を添える。

どちらも盾で身を守りながら行動するかたち。

杖のようなものを
両端から
力一杯引っぱりあう。
最初は遊びだったかもしれない。
だんだんとむきになって
引っこみが
つかなくなったのかもしれない
引き争いの形。

争

ソウ
あらそう
会意

もとの字は爭に作り、棒状のものを上下より手に取る形。爪《そう》と又《ゆう》は手の形。棒状のものを両端から引きあって相争う形で、「あらそう」の意味となる。靜（静）の字にも爭（争）の形が含まれているが、この場合の爭は力《りょく》（耒《すき》の形）を手に持つ形である（浄も同じ）。

保

会意

ホ・ホウ

たもつ・たすける・やすんずる

人と子と褓《ほう》とを組み合わせた形。

褓（むつき）は生まれた子どもに着せる産衣《うぶぎ》で、この字では祖先の霊を憑《よ》りつかせる（乗り移らせる）ための衣であり、また霊を守るための衣でもあった。……

新生児に霊を授け、その霊を守る儀礼を保といい、「たもつ、霊をまもる、まもる、たすける、やすんずる」などの意味に用いる。

人の背におぶわれた子ども。
その子の下には
産着をあらわす一本の線。
古い字形から
絵が見えてくる。
生まれてまもない赤子を
特別な衣でやさしく包む、
命を守る形。

母親の身体のなかから
この世界に
ぬるっと
生まれおちてくる
イメージ。
少し動物的な場面。

育

イク
そだつ・そだてる
会意

𠫓《とつ》と月とを組み合わせた形。𠫓は生まれた子どもの逆さまの形で、子どもが生まれ落ちる姿である。その下に月《にくづき》(肉)を加えて、人の体であることを示す。育のもとの字は毓《いく》。毎(毎)は母親の姿。その母親の後ろに、生まれ落ちる子どもである𠫓の頭に髪の毛のある㐬を加えた形である。子どもが生まれる形の育・毓には、子を「うむ、そだてる、そだつ」の意味がある。

［コラム］――

甲骨文字の話

漢字の起源は、いまから三千三百年ほどまえ。紀元前十四世紀頃の殷《いん》王朝後期に、亀の腹の甲羅や獣（おもに牛）の肩胛骨《けんこうこつ》に鋭い刃物で刻みつけられた甲骨文字が、最古の文字資料とされている。

甲骨片には、王による占い（卜《ぼく》）の内容と結果が記録されている。わざわざ記録するのは、占いの結果が王の判断どおりであったことを示すためだ。神聖王朝だった殷では、王は、神と人のあいだを行き来できる最高位の「巫《ふ》」でもあった。神の意をえた王の占いの正しさを記すことが権威の象徴となる――そのために文字というものがつくられ、王室でのみ使われたのだという。

そんな古代の記録が刻まれた甲骨片も、二十世紀になろうというころまで、その存在が明らかではなかった。当時の逸話を白川さんは、著書『漢字』（岩波書店）のなかで紹介している。

一八九九年に王懿栄《おういえい》という人が、マラリア薬として入手した「龍骨」の表面に文字らしきものを発見する。当時、甲骨片は、農民たちに掘りだされては、古代の龍骨として薬屋に売られ、漢方薬として流通していた。人為的なキズがあっては龍骨とみなされないので、文字のある部分は削ったり、古井戸に捨ててしまったりしていた。しかし、遺物としての価値が認められると、高値で取引される刻字のある甲骨は、あっというまに研究者のもとに集まったそうだ。

殷の遺跡が発掘されるのは、二十世紀に入ってからのこと。甲骨文字とともに、青銅器に鋳込まれた文字＝「金文《きんぶん》」も、少数だが発見されていて、こちらは甲骨文字よりも少し柔らかな曲線で書かれている。金文は、殷のつぎの西周時代の遺物に数多く残されている。

二章

漢字の世界観

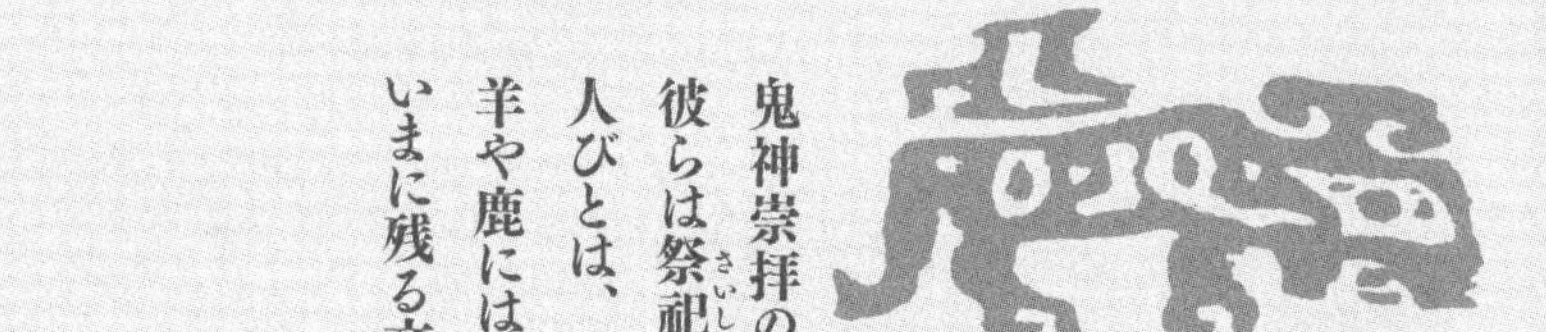

一　文字になった動物たち

殷《いん》王朝の始祖は、ツバメ（玄鳥）の卵から生まれたという伝説がある。
それでツバメは、この王朝の民俗のトーテムとされていた。
殷の時代の青銅器には、ほかにもさまざまな動物が、精巧に、
とても魅力的に象《かたど》られている。

鬼神崇拝のこの時代、人にとって動物たちはすべて大切な存在だった。
彼らは祭祀《さいし》の犠牲にもなり、また神にもなった。
人びとは、犬を祀《まつ》り、鳥で占い、虎で歌舞《かぶ》く。馬も牛も、象さえも飼いならし、
羊や鹿にはまるで神の化身に接するようにかかわる。
いまに残る文字の一つひとつから、当時の人と動物たちの関係性が立ち上がってくる。

善

ゼン
よい・ただしい
会意

もとの字は譱《ぜん》に作り、羊と誩《きょう》とを組み合わせた形。

羊は神判《しんぱん》(神が裁く裁判)に用いる解廌《かいたい》とよばれる羊に似た神聖な獣。……誩は……原告と被告で、譱は原告と被告が解廌の前で神判を受け、善否を決することを示す。譱(善)は……裁判用語であったが、のち神の意思にかなうことを善といい、「よい、ただしい」の意味となる。

美・善・義はみな、羊に関する字だという。
「美」は、神に供える羊が美しいこと。
「善」は、羊神判で神意にかなうこと。
「義」は、犠牲として供える羊に欠陥がなく、完全なものであること。
義は、羊に我(のこぎりの形)があわさった字だ。

美

義

集

会意
シュウ
あつまる・あつめる・つどう

隹《すい》と木とを組み合わせた形。隹は鳥の形で、鳥の意味となる。古くは雧《しゅう》に作り、多くの鳥が集まり、木に止まる形で、「あつまる」の意味となる。

鳥が群れをなして
どこかから飛んできて、
またどこかへ飛び去っていく。
鳥、とくに渡り鳥は、
神秘的な存在とされていたようだ。

「古代においては鳥占《とりうら》によってことを決することも多く、鳥の群集することを瑞祥《ずいしょう》とする観念があっ」たという。
（『字統』）

たくさんの鳥が一本の木にとまる。
それをよいことの起こる兆しと
古代の人びとはみた。

進

シン
すすむ・すすめる
形声（音符《おんぷ》は隹《すい》）

隹《すい》は鳥の形で、鳥占いによって軍の進退を決め、進軍させることを進といい、「すすめる、すすむ」の意味となり、薦めるの意味にも用いる。

旅をするとき、進軍するとき、
鳥を携えてゆき、
迷ったときには鳥占いで
進退をきめる。
だから、「携」の字にも
「隹」（とり）がある。

鳥占術は洋の東西を
問わずあるけれど、
古代中国の人は、
鳥の飛び方や鳴き方の、
何を進むに吉とし、
何を凶としたのだろうか。

騒

ソウ
さわぐ
形声（音符は蚤《そう》）

もとの字は騷に作り、音符は蚤《そう》。

蚤はのみ。

蚤にかまれて、手で蚤をかくことを搔《そう》（かく）といい、かゆくて馬が騒ぐので騒という。


馬に蚤《のみ》。

蚤という字の上部の形は人の爪。

その字にさらに手を加えて「搔」（かく）。

爪でかきむしるイメージ。

文字を見ているだけでかゆい。

馬だって騒ぐだろう。

為

イ

なす・つくる・ため

会意

象と**手**(**又**《ゆう》。**爪**《そう》)とを組み合わせた形。象の鼻先に手を加えて、象を使役《しえき》するの意味となる。「なす、もちいる、つくる、しわざ」の意味に用いる。殷《いん》の時代には長江以北にも象が数多く棲息《せいそく》していて、象を使って大きな土木工事をし、宮殿などをつくっていたと考えられる。象牙の遺品も多く残されている。

王が宮廟を「為《つく》る」かどうかを
占った甲骨文があるという。
殷《いん》の人びとが
象をつかって
王宮を造営するようすを
想像してみる。
いまならさしずめ、重機を駆使した
大工事というところ。
象を飼育し、
その大きな力を借りる
数千年前の建設現場。

伏

フク
ふせる・ふす・かくす

会意

人と**犬**とを組み合わせた形。人と犬とを犠牲（いけにえ）として墓室の棺の下に埋め、地中にひそむ悪霊を祓《はら》うことを**伏**瘞《ふくえい》という。瘞は地下に埋めること。この伏瘞の法をいうのがもとの意味である。……埋めるの意味から、のち「かくす、ふせる、ふす」の意味に用いる。

殷《いん》王の陵墓には、犬と武人がともに埋められている。犬には、祓いや清めの役割が与えられていたらしい。「然（燃）」「類」「献」「就」など、犬の犠牲にかかわる字の多さに驚く。

家は、宀《べん》と**豕**《し》とを組み合わせた形。（家は、古い字形では犬）家を示す宀（建物の屋根の形）の下に、犠牲として殺された**犬**を加える。**家**とは先祖を祭る神聖な建物である廟《みたまや》のことである。そのような建物を建てるときには、まず犠牲を埋めて、その土地の神が怒らないように鎮《しず》めるために地鎮祭を行うのである。

もとの字は器に作り、㗊《しゅう》と犬とを組み合わせた形。口は𠙵《さい》で、祝詞《のりと》を入れる器の形。𠙵を四個並べ、その中央に犬を置いた形。犬は清めのための犠牲（いけにえ）として用いるもので、器とは儀礼のときに使用される清められた「うつわ」をいう。

器

キ
うつわ
会意

「器」のいまの字形にある「大」は、
もとは「犬」だった。
横たわった犬と
四方に配された𠙵《さい》。
祈りを捧げ、
神事や祭事につかう器を清める。
大昔から変わらず、
人のそばに犬はいた。

家

カ・ケ
いえ・や
会意

前足より後ろ足の長いウサギは、
上り坂も飛ぶように走る。
脱兎《だっと》のごとしの文字どおり、
地面を蹴って逃げ去る。
そんな姿から生まれた字。

逸

イツ
のがれる・はやい

会意

兎《うさぎ》と**辵**《ちゃく》（⻌・⻍）とを組み合わせた形。**辵**は**彳**《てき》（こみち）と**止**（足あとの形）とを組み合わせた字で、歩いて行く、走るの意味がある。兎が飛び跳ねながら走ってのがれることから、「のがれる、かくれる、はやい」の意味となる。また、人なみよりすぐれたものをいい、「すぐれる、ぬきんでる」の意味に用い、佚《いつ》と通じて「たのしむ」の意味にも用いる。

冤

エン
かがむ・とがめ
会意

冂《けい》と兔《と》とに従う。……兔《うさぎ》が冂（境界）のうちに捕らえられ、逸脱することができぬ意。卜《ぼく》文に上部を网《あみ》に作るものがあり、兔網にかかる意であろう。……脱出するの意の逸（逸）に対して、不幸にして罪せられることを冤という。

「冤」と「逸」（逸）には兎がいるが、
「免」のなりたちは違った。
冑《かぶと》をぬぐ形と分娩の姿、
ふたつの字源をもつ字だという。

冤罪の「冤」と免罪の「免」。
閉じこめられた兎と
重い冑をぬぐ形。

麗

レイ
うるわしい・ならぶ
象形

鹿の角の形。鹿の皮を並べた形とする説もあるが、甲骨文字・金文《きんぶん》の字形からみると、並んだ鹿の角の形であろう。一双の鹿の角は美しいものであるから、「うるわしい、うつくしい、ならぶ、二つならぶ」の意味となる。

麓《ろく》は木の繁茂するところである。

麓

山の麓《ふもと》の林のなか、
立派な角の美しい鹿が、
こちらを向いて立っている。
澄んだ空気と神聖な気配。

「麗」も「麓」も、
静的なイメージ。
一方、「塵」は、動きのある
鹿にまつわる字だ。

正字は麤《そ》と土とに従う。群鹿《ぐんろく》の奔《はし》るときの土煙をいう字である。『説文解字《せつもんかいじ》』（十上）に「鹿行きて土を揚《あ》ぐるなり」という。古代の人々は、そのような鹿の群行するさまを見ることができたのであろう。

殷《いん》や周の時代から、
鹿を聖なる獣とする
観念があったという。
幻の神獣、麒麟《きりん》は、
大鹿のからだに
牛の尾と一本の角をもつとされ、
時代が下ると、翼をもつともされた。

塵

ジン
つちけぶり・ちり
会意

解

カイ・ゲ
とく
会意

角と刀と牛とを組み合わせた形。牛の角《つの》を刀で切り取ることをいう。……解と釈(釋)は、獣の角を切り取り、肉を取り分けて解体するのがもとの意味であった。それで解釈という。解は、のちには広く疑問を「とく」、問題を解きほぐして解決することをいう。

角、刀、牛。
まるでパズルのような形。
甲骨文字からは、
両手を使っていねいに、
角を牛の身体から
はずしているように感じられる。

もとの字は戲に作り、虘《き》と戈《か》とを組み合わせた形。豆《とう》（脚の高い器）の形の腰かけにかけた虎《とら》の皮を身に着けた者を、後ろから戈《ほこ》で撃つ形。虎の形の者は、あるいは軍神になぞらえているのであろう。これを撃つ所作事《しょさごと》（しぐさ）をするのは、戦勝を祈るときの舞楽であろう。

戯

ギ
たわむれる
会意

劇

ゲキ
はげしい
会意

豦《きょ》と刂《りっとう》（刀）とを組み合わせた形。豦は虎の頭をした獣の形であるが、……この人を刀で斬《き》りつけて、悪虐の者を討伐する演戯が神前などで行われた。そのときの演戯の動作が劇《はげ》しかったので、劇は「はげしい」の意味となる。

戦勝祈願の演戯には、
虎皮をかぶった人が登場する。
戈をもって「戯」。
刀をもって「劇」。
𠙵《さい》を捧げて
舞い祈る形は「虞」。

二　天に棲むもの

文字ができるずっとまえの時代。
あらゆるものに精霊が宿り、自然界のすべてが神のもので、
もちろんその姿は見えないけれども、
人びとは神を信じていたし、怖れてもいた。
古代の人びとの想像力は果てしない。
見えるものには生命を与え、見えないものには心のなかで形を与える。
風はどこまでも神の意志を伝えにきたし、雲のなかには竜が棲《す》み、
雨をふらせ、雷を鳴らし、虹の形をして河の水を飲みにきていた。
人びとは、そんななかで神の訪れを感じとっていたのだ。

鳳の形の風神は、
日月を司《つかさど》る方神の使者であったという。
広大な土地のすみずみにまで
神の意を伝えるために飛んでいく。
風はおおとり(鳳)のはばたきであり、
土地ごとの風土や風俗、風物、風味などは
風の神にもたらされると、
古代の人びとは考えた。

風

フウ・フ
かぜ・ならわし
形声(音符《おんぷ》は凡《はん》)

甲骨文字は鳥の形。神聖な鳥であるので冠飾りをつけている。**鳳**《ほう》(ほうおう)のもとの形と同じである。

……

天上には竜が住むと考えられるようになり、風は竜の姿をした神が起こすものであると考えるようになって、**鳳**の形の中の**鳥**を取り、**虫**《き》(竜を含めた爬虫類《はちゅうるい》の形)を加えて、**風**の字が作られ、「かぜ」の意味に用いられる。

鳳

雲

ウン
くも
形声（音符は云《うん》）

云《うん》は雲の流れる下に、竜の捲《ま》いている尾が少し現れている形で、「くも」をいう。云が雲のもとの字である。

のちに雨を加えて雲の字となり、云は「云《い》う」のように別の意味に使われるようになった。

雲のなかに竜が棲《す》むという字。
その体は大きすぎて、
くるりと巻いた長いしっぽが
雲の下から見えている。

古代の人びとにとっては、
風も雲も、
鳳や竜のような神聖な獣の姿になる。
そんな霊獣が神の意を受けて、
風をおこしたり
雨をふらせたりする。

云

神

シン・ジン
かみ
形声（音符は申《しん》）

天と地を一瞬でつなぐ光が
落ちてくる
映像的なイメージ。
天神登場を示すかたち。
日本では古来、
稲の結実の時期に雷が多く、
それによって稲が実ると
されていたらしい。

申

申《しん》は稲妻《いなずま》（電光）の形。右と左に光が屈折している形を縦線の横に並べて**申**の形となった。稲妻は天にある神がその威光をあらわした形である。……**申**は**神**のもとの字である。……**申**が「もうす」などの意味に用いられるようになったので、「かみ」の意味の字として、**申**に祭卓（神を祭るときに使う机）の形の**示**を加えた**神**（**神**）が作られた。

虹

コウ
にじ
形声（音符は工《こう》）

中国の作家、魯迅《ろじん》の『阿Q正伝』のなかに、阿Qと小Dがたがいの弁髪をつかんでけんかをする場面がある。組みあったふたりの姿が、壁に虹の形の影をつくる。

虹の字源を知っていると、そのくだりで物語の不吉を予感できる。

古代には凶兆とされていた虹だけれど、唐代になると、美しいアーチ型の建造物、とくに橋を描写するのに虹のたとえが使われた。

現代ではネオンをその音にあてて、「霓虹」と書いたりするらしい。

霓

ゲイ
にじ
形声（音符は兒《げい》）

虹は古くは天界に住む竜形の獣と考えられていた。その雄を虹といい、雌を蜺《げい》という。蜺はまた霓《げい》に作り、……卜辞《ぼくじ》に虹霓《こうげい》を卜する例があり、天より降《くだ》って河水を飲む姿がそれであるとされ、霓は両頭の竜形にかかれる。兒《げい》はその頭の形。その体は工形に反《そ》りのある形である。（古い文献には）虹は水気を求めて下るものとし、下って井水を飲むという。また虹があらわれるのは、陰陽和せず、婚姻錯乱し、男女の道が失われるからだともいう。……指せば指が歪《ゆが》むという。わが国でも虹に対するこのような禁忌が、種々俗信として伝えられている。

三 女性とシャーマン

中国の伝説によると、人類を創造したのは女媧《じょか》という女神だった。
女媧は粘土をこねて人をつくった。
また天が破けたときには五色の石をもって補修し、大亀の足を使って天を支え、
暴れる黒竜を殺し、天地の秩序を回復したといわれる。

エジプト神話では女神ヌトは天空神であり、日本では天照大神は太陽だ。
女神は世界各地の神話や伝説に登場する。

人はすべて女性から生まれるというその神秘が、
女性を豊穣や生命の象徴として崇拝させ、また畏《おそ》れさせもしたのだろう。
遠い古代の世界では、女は神により近い存在として、
神霊にかかわる役目をになっていた。

女

象形

ジョ・ニョ

おんな・め・むすめ

跪《ひざまず》いている女の人の形。手を前で重ねて、うやうやしく霊所を拝んでいる形である。甲骨文字には小点を加えた字があるが、それは女を酒で清め祓《はら》っている形であり、神霊に仕えるときの**女**の姿であることが知られる。

ひとりで静かに祈る「女」の字。
「女」の古い字形に
両乳のしるしを加えると、
「母」になる。
頭の部分に飾りをつけると、
「毎」の字になる。

安

アン
やすらか・やすい
会意

宀《べん》と女とを組み合わせた形。宀は祖先の霊を祭っている廟《みたまや》の屋根の形。安は廟の中に女の人が座っている形で、嫁《とつ》いできた新婦が廟にお参りしていることを示している。新妻が廟にお参りし、……夫の家の人になるための儀式を行っているのである。……安は「やすらか、やすらかにする」というのがもとの意味で、値段が安いの「やすい」というのは国語の使い方である。

嫁いできた女は
一族の廟へお参りすることで
その家の人となり、
安らかに暮らせるのだという。
氏族の一員になるには、
祖霊へのあいさつが欠かせない。
ときに、姑《しゅうとめ》の祖霊が
嫁にたたるともいわれたらしい。

もとの字は婦に作り、音符は帚《ふ》。

……帚《そう》は木の先端を細かく裂いた箒《ほうき》の形をしたもので、これに香りをつけた酒をふりかけ、祖先の霊を祭る廟《みたまや》の中を清めるために使用した。帚はのちの箒《そう》（ほうき）にあたる。

帚を手に持って廟の中を祓《はら》い清めることを掃といい、そのことに当たる女を婦といい、「よめ、つま、おんな」の意味に用いる。

婦

フ

よめ・つま・おんな

形声（音符は帚《ふ》）

帚と酒は、聖なるところを清める
一対の道具であったらしい。
「婦」は、廟を清める
重要な役割をしめす字。
古い字形の女の人が、
りりしく見えてくる。

「帰」の字にもこの帚がある。
戦《いくさ》から無事に
帰還したことを
廟に告げる儀礼をあらわしていた。

若

象形

ジャク・ニャク

わかい・もしくは・したがう

巫女《ふじょ》(みこ)が長髪をなびかせ、両手をあげて舞いながら神に祈り、神託(神のお告げ)を求めている形。のちに神への祈りの文である祝詞《のりと》を入れる器の𠙵《さい》(口)を加え、祝詞を唱えて祈ることを示す。ふりかざした両手の形が、今の字形では草かんむりの形になっている。……巫女に神が乗り移って神意が伝えられ、うっとりした状態にあることを示すのが**若**である。……神託を求める巫女が若い巫女であったので、「わかい」の意味にも用いられるようになったのであろう。

天に向けて突き上げられた
両の手のひら。
乱れる長い髪。
震える身体。
叫び声。
しなやかな腰つき。
そんな巫女のイメージ。

如

会意

ジョ・ニョ

ごとし・しく

女と口とを組み合わせた形。女は神に仕える巫女《ふじょ》（みこ）。口は𠙵《さい》で、神への祈りの文である祝詞《のりと》を入れる器の形。
祝詞を唱えている巫女の姿で、祈って神意を問う巫女に神託があり、神意が伝えられる。その神意に従い、神意に合うようにすることを「ごとし」という。また神意を問い、神意に近づこうとすることを「しく（肩を並べる、対等になる）」という。若と字の構造が似ている。

「如」と「若」は、
出所がいっしょの字だそうだ。
神の意をそのまま伝え、
それに従うので、
「若《かく》の如《ごと》し」。

笑

ショウ
わらう・えむ
象形

巫女《ふじょ》が両手をあげ、身をくねらせて舞いおどる形。神に訴えようとするとき、笑いながらおどり、神を楽しませようとする様子を笑といい、「わらう、ほほえむ」の意味となる。……ふりかざしている両手が、若では草かんむりの形に、笑では竹かんむりの形に字形化されている。その下の夭《よう》（くねらす）は、人が頭を傾け、身をくねらせて舞う形である。

「夭」は、頭を傾けた人のかたち。
神を楽しませるため、
巫女が首をかしげ
身体をくねらせて、
笑い、踊る。
妖艶の「妖」にもこの形がある。

哥《か》は可を重ねた形で、可は丁《か》（木の枝の形で、杖《つえ》）で𠙵《さい》を殴《う》ち、その祈り願うことが実現することを神にせまるの意味で、「可《べ》し」という命令と「可《よ》し」という許可の二つの意味をもっている。

欠《けん》は立っている人が口を開いて叫んでいる形で、神にせまるとき、その神に祈る声にはリズムをつけて、歌うように祈ったのであろう。その声の調子を歌といい、「うたう、うた」の意味に用いる。

歌

カ
うた・うたう
形声（音符は哥《か》）

枝で𠙵《さい》を打ちながら、「かなえよ、かなえよ」と、神に願いの実現をせまる。激しい祈りの情景。ことばに抑揚とリズムをつけ、感情をむきだしにして、大きな声で歌い、訴える姿。

楽

ガク・ラク
たのしい・たのしむ
象形

もとの字は樂に作り、柄《え》のある手鈴《てすず》の形。白の部分が鈴、その左右の幺《よう》は糸飾り。もと舞楽のときにこれを振って神をたのしませるのに使用した。

鈴は数千年のあいだ、
世界のいたるところで
原始音楽や呪術の儀式に
使われてきた。
素材も形も
さまざまなものがある。
なかでも、神社で目にする
神楽《かぐら》鈴は、「楽」の形に
とてもよく似ている。
「楽」には、邪霊を祓《はら》う
力があるとされていたそうだ。

神楽鈴

療

リョウ

いやす・なおす

形声（音符は尞《りょう》）

病気が、たたりや呪いによるものと考えられていた時代。

「療」は、シャーマンが鈴を鳴らして、病魔を祓《はら》うお祈りをする字。

「やまいだれ」は人が床《とこ》の上に寝ている姿をあらわしている。

古い字形は㾾《りょう》に作り、音符は樂《がく》（楽）。樂は柄《え》のついた手鈴の形で、シャーマンがその手鈴を振り、病魔を祓《はら》って病気を治すことを㾾といい、「いやす、なおす」の意味となる。……（のちに）リョウの音をとって形声の字の療となった。

媚

ビ
こびる
形声（音符は眉《び》）

眉は眉飾。媚《び》は眉飾を施した巫女《ふじょ》をいう。……字の初義は媚蠱《びこ》とよばれる呪術《じゅじゅつ》を行なう巫女をいう。漢代に巫蠱媚道《ふこびどう》とよばれる呪詛《じゅそ》の法があって、宮中の暗闘にしばしば用いられた。……媚蠱のことは早く卜辞にみえ、また夢魔《むま》としてもあらわれることがあって、卜文では夢の字の上部は媚の上部と似た形である。

目には呪的な力があると
考えられていた。
目の呪力を強めるために、
巫女は目の上に
特殊な飾りをつけたのだという。
異族との戦いには
その媚女《びじょ》が先頭にたち、
敵に呪いをかける。
両軍の媚女の呪い合戦だ。
字書のなかの
女性シャーマンたちは、
みな美しくおそろしい。

夢

ム
ゆめ
会意

莧《かん》と夕とを組み合わせた形。莧は眉《まゆ》を太く大きく描いた巫女《ふじょ》が座っている形。

祖先を祭る廟《みたまや》の中で、その巫女がお祈りしている形が寛である。

夢は睡眠中に深層心理的な作用としてあらわれるものとされるが、古くは呪術を行う巫女が操作する霊の作用によって夜(夕)の睡眠中にあらわれるものとされた。

媚女はまた、虫を用いた
蠱《こ》という呪術をつかう。
悪夢をみるのは蠱によるたたりで、
それによって病気になったり、
命をおとすこともあるとされた。
「夢」の字のはじまりは、
夢魔の世界。
年に一度の
夢送り・悪夢祓《ばら》いの
行事などもあったという。

四―目の呪力

「見ること」はただの視覚的な日常の行為ではなかった。

古代の人びとは、目には呪力《じゅりょく》があると考えていた。

シャーマンたちは目の呪力を強めるために目の上に飾りをし、
異族との戦いのときにはつねに先頭に立った。

邪霊を祓《はら》うには呪眼を掲げ、悪霊が侵入してくるのを防いだ。

目は人の心のあらわれるところ。瞽者が「見る」とき、それは心の目で見ているのかもしれない。

「見ること」とは、人が対象に霊的にはたらきかけ、
その内部の奥深いところにまで入り込んでいこうとする特別な行為だったのだ。

目を主とした人の形。人を横から見た形（儿《じん》）の上に大きな目をかき、人の目を強調して、「みる」という行為をいう。

見るという行為は相手と内面的な交渉をもつという意味で、たとえば森の茂み、川の流れを見ることは、その自然の持つ強い働きを身に移し取る働きであった。

ひざまずいて
何かをじっと見つめる形。
「見」がひざまずいて
見るのに対して、
「望」はつま先立って、
伸び上がって見ている形。

見

ケン・ゲン
みる
象形

望

ボウ・モウ

のぞむ

形声（音符は亡《ぼう》）

甲骨文字の字形は、つま先で立つ人を横から見た形（壬《てい》）の上に臣をかく形（𦣠）で、つま先立って遠くを望み見る人の形であり、象形の字。これに音符の亡《ぼう》を加えた望は形声の字。

遠くを望み見ることから、「のぞむ、まちのぞむ、ねがう」の意味に用いる。つま先立って大きな瞳《ひとみ》で遠方を望み見ることは、雲気を見て占う行為であり、また目のもつ呪力《じゅりょく》によって敵を押えつけて服従させる呪的な行為であった。

はるか遠くのようすを、
自然の雲気を見て占う。
特殊な眼力をもつ人の姿。
一方、特殊な聴力をもつ人を
あらわすのが「聖」。
つま先立ちの人の上に、
「望」は大きな目を、
「聖」は大きな耳をかいた形。

臣

シン・ジン
つかえる・おみ
象形

上方を見ている目の形。大きな瞳を示している。殷《いん》王朝では王子の子を小臣といい、神事につかえるべき者とされた。

神につかえる者には眼睛《がんせい》（瞳のところ）をことさらに傷つける者があり、臤《けん》は臣（大きな瞳）に又《ゆう》（手の形）を入れて眼睛を傷つけ、視力を失わせることをいう。そのようにして視力を失った瞽者《こしゃ》（盲目の人）が神につかえる臣とされた。

「臣」の形は
いくつもの文字のなかにある。
古い字形にその大きな目を印象づけて、
臣が神に仕える人であったことを示している。

「監・覧・鑑」は、
水盤（みずかがみ）に
自分の姿を映し見る形。
「臨」は、人の祈りに応えて、
神が天から下方を臨み見ること。

賢

ケン
かしこい
形声（音符は臤《けん》）

臤《けん》は臣（大きな瞳）に又《ゆう》（手の形）を入れる形で、眼睛《がんせい》（瞳のところ）を傷つけて視力を失わせることをいう。……（視力を失った）臣の中には普通の人とは異なって、さまざまのすぐれた才能を持つ者がおり、その人を臤という。臤が賢のもとの字で、古く臤を「かしこい」という意味に使っている。貝《ばい》は遠く南方の海でしか採れない子安貝《こやすがい》で、非常に貴重なものとされ、貨幣としても使用された。

瞳を傷つけられ、
神に捧げられた者。
臤《けん》は多才多芸で
良質な貝のように
貴重な人材であったのだという。
その優秀さ、賢さに
思いをはせるまえに、
古代の人が写しとった
一瞬の形に釘付けになる。

鏡のような水面をのぞきこむ。そこに自分の姿が映っている。この行為自体に、特別な意味があるようにも思われる形。

弘法大師ゆかりの四国の寺、井戸寺に、「面影の井戸」というのがある。井戸をのぞいて顔が映れば正直者だとか。長生きできるとか。願いが叶うとか。

監

カン
かがみ・みる
会意

臥《が》と皿《べい》とを組み合わせた形。

臥は人がうつむいて下方を見る形。皿は盤で、水を入れた水盤であろう。監は水盤に自分の姿を映している形で、水鏡《みずかがみ》をいい、「かがみ」の意味となる。

監は鑑のもとの字でもある。

覧

ラン
みる・ながめる
会意

もとの字は覽に作り、監と見とを組み合わせた形。……水鑑《みずかがみ》に映る自分の姿を見ることを覧といい、「みる、ながめる」の意味となる。

相

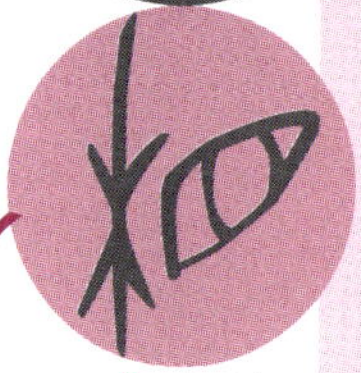

ソウ・ショウ
あい・みる・たすける
会意

木と**目**とを組み合わせた形。**相**は**木**を**目**で「みる」の意味である。

盛んにおい茂った木の姿を見ることは、樹木の盛んな生命力をそれを見る者に与え、見る者の生命力を助けて盛んにすることになるので、「たすける」の意味となる。たすけるというのは、樹木の生命力と人の生命力との間に関係が生まれたことであるから、「たがいにする、たがいに、あい」の意味となる。

木を見る、というシンプルな字。この字が「相互」の意味をもつのは、見ることによる心の交流が自然と人とのあいだにもおこると考えられていたからだろう。その感覚は現代にも通じるものだ。

省

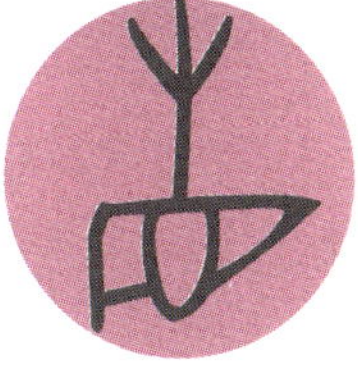

セイ・ショウ
かえりみる・はぶく
形声（音符は生《せい》〈少《しょう》〉）

省は目の呪力を強めるために眉《まゆ》に飾り（少）をつけ、その強い呪力のある目で巡察すること、見まわることをいう。……巡察することから、省察・反省のように、「かえりみる、みる」の意味に用いる。巡察して取り除くべきものを取り去ることから、「はぶく、へらす」の意味となり、省略のようにいう。

徳

トク
会意

徳は、彳《てき》と省と心とを組み合わせた形。甲骨文字は彳と省とを組み合わせた形。彳は行の左半分で、行く、歩くの意味。……目の呪力・威力を他の地に及ぼすことを徳という。……その呪力がその人がもともと持っている内面的な、人間的な力に発するものであることが自覚されて、徳の概念が生まれた。

五——生の儀礼

人は生まれてはやがて死ぬ。そしてまた、新たないのちが生まれてくる……。
古代の人びとにとって、このことは最大の神秘だったのではないだろうか。
生まれてくるということは、霊を授かること。

霊を受けたからには大切に守らなければならない。
祖先の霊をひきつぐその身体をつねに浄化し、悪い霊から守りきらなければならない。
人の一生にはいろいろなステージがある。
出生、成人、婚礼……。年齢や段階に応じて、
氏族の一員として祖先への報告をし、魂を聖化し清める儀式をとりおこなった。
新しい季節を迎えるように、つぎなるステージへの加入式として。

もとの字は**產**に作り、**文**と**厂**《かん》と**生**とを組み合わせた形。**厂**は額《ひたい》の形。**文**は文身(入れ墨)で、一時的に朱や墨で描いた入れ墨。**生**まれた子の額に文身を加える儀礼を**産**という。それで**産**は「うむ、うまれる」の意味となる。生まれた子にはすでに霊が宿っており、悪い霊が入り込んではならぬという意味で額に×の印をつける。わが国にも赤子の額に×や犬の字を鍋墨《なべずみ》や紅《べに》で書く習俗があった。

産

サン
うむ
会意

赤子のひたいにつける×の印は、
すでにここには
祖霊が宿りましたから
悪いものは入れません、
というお守りの印。
誕生式、成人式、
そして死者を送るとき。
この文身(入れ墨)という習俗は、
人生の新たなステージへの
加入式だという。

彦

ゲン
ひこ
会意

旧字は彦《げん》に作り、文と厂《かん》と彡《さん》とに従う。文は文身の形。厂は額《ひたい》の側面形。彡は文身の美しいことを示す記号的な文字。

男子が一定年齢に達すると、その加入儀礼として文身を加え、いわば生まれかえを行なう。元服のときの儀礼を示す。その儀礼を終えたものを彦といい、彦とは元服者、わが国で「ひこ」というものにあたる。

成人式を終えた男性が「彦」。
「顔」は、この儀礼のときの
若者の顔つきを
あらわした字だという。
ひたいに美しい文身を描いた若者の、
おごそかな顔つき。

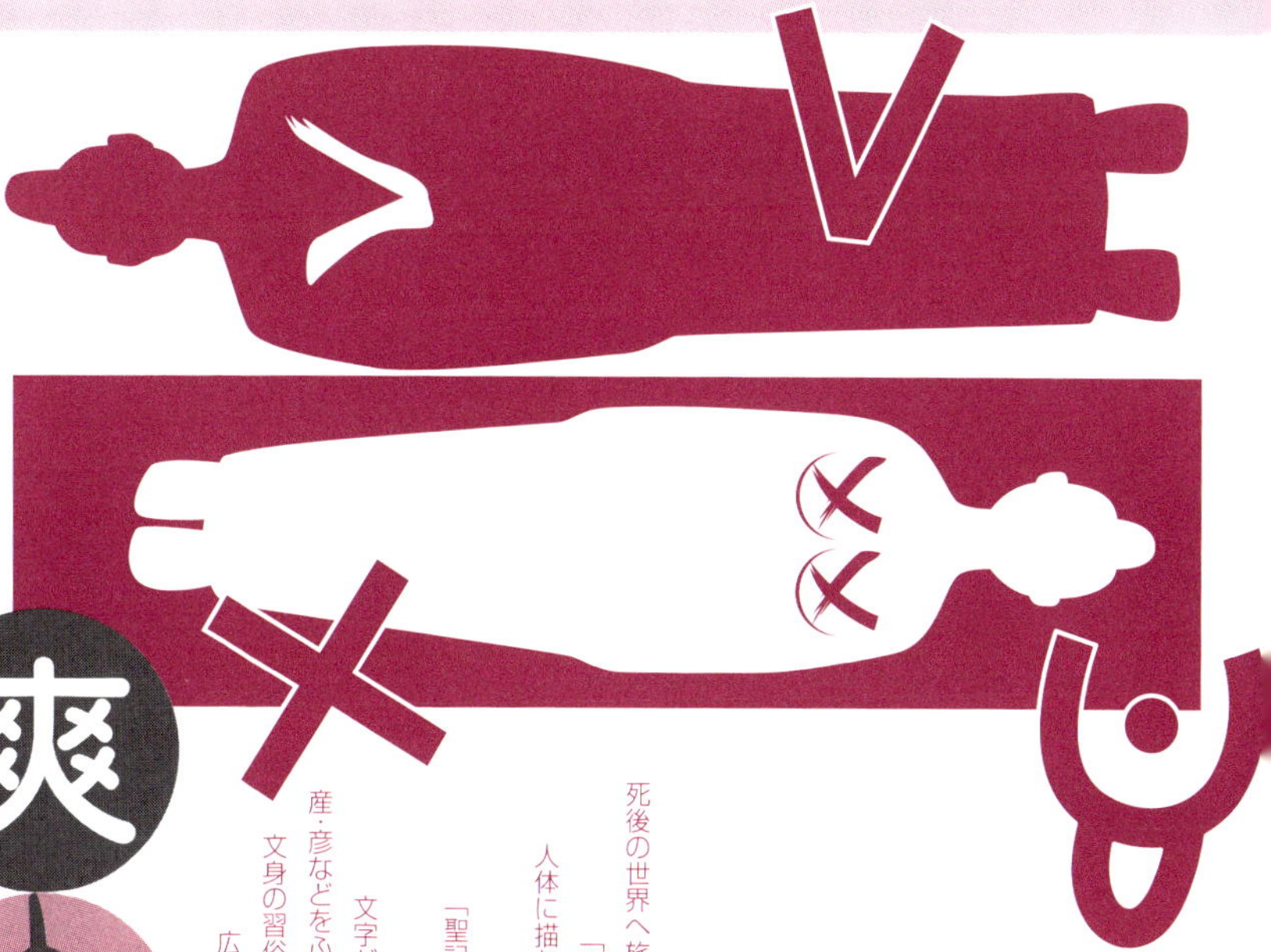

文

ブン・モン
ふみ・あや
象形

文身（入れ墨）の形。

正面を向いて立つ人の胸部に、心、×、Vなどの形の入れ墨を書き加える。おそらく死者の胸に呪飾（まじないの飾り）として朱色などで一時的に描いたもので、死者の霊が死体から脱出するのを防いで死者の復活を願い、また外からの邪霊が憑《よ》りつくことを防ぐ意味のものであろう。……死んだ婦人の左右の乳房に……㸚形《りけい》の文身をあざやかな朱色で描いた形が**爽**《そう》（あきらか）・**爾**《じ》（うつくしい）……で、文身のあざやかなことをいう。

爽

ソウ
あきらか・さわやか
会意

死後の世界へ旅立つための文身。
「文」の字のはじまりは、
人体に描かれた文様だった。
それはいわば、死者の
「聖記号」なのだという。
文字が成立したころ、
産・彦などをふくめ、
文身の習俗は、身分を問わず
広くおこなわれていたらしい。

字

ジ
あざ・あざな
会意

宀《べん》と子とを組み合わせた形。宀は祖先の霊を祭る廟《みたまや》の屋根の形。子が生まれて一定の日数が過ぎて養育の見込みが立つと、廟に出生を報告する儀礼を行うことを示すのが字である。そのとき幼名をつける。それを字《あざな》といい、小字《しょうじ》という。……この儀礼によって養うことが定まり、字《あざな》がつけられるので「やしなう、あざな」の意味となり、その字《あざな》が文字となった。

家廟《かびょう》のなかに赤ん坊のいるかたち。
一族の子どもとして、
祖先の霊に謁見《えっけん》をする。
その子が生まれたこと、
このさき育つであろうことを報告し、
養育の許しを受ける。
そして「字《あざな》」がつけられる。
「名」はまだない。

真の名はみだりに人に
告げないもの、という話は、
物語『ゲド戦記』などでもおなじみだ。
名を知られることは支配されること。
名を告げることは、
自分のすべてを相手にさらけだすこと。
命名は、人生に大きく影響する
重要な儀式であったのだろう。

名

メイ・ミョウ
な
会意

夕と**口**とを組み合わせた形。**夕**は肉の省略形。**口**は𠙵《さい》で、祝詞《のりと》を入れる器の形。（字の儀礼からさらに）一定期間すぎると、祖先を祭る廟に祭肉を供え、祝詞をあげて子どもの成長を告げる**名**という儀礼を行う。そのとき、名をつけたので、「な、なづける」の意味となる。

実名を呼ぶことを避けるために、**名**となんらかの関係のある文字が選ばれて**字**《あざな》がつけられ、通名として使用した。

冠

カン
かんむり
会意

冖《べき》と元と寸とを組み合わせた形。

……

元は頭部を大きくかいて強調した形で、首・頭の意味がある。廟《みたまや》の中で、手(寸)で元(頭)の髪を結い、頭に冠をつけている形で、男子の成人式である元服の儀礼をいう。

「国破れて山河在り」ではじまる
杜甫《とほ》の『春望』は、
「白頭掻《か》けば更に短く
渾《すべ》て簪《しん》に勝《た》えざらんと欲す」
という句で終わる。
簪《しん》は、冠を止めるヘアピンのこと。
年老いて、髪が少なくなり、
冠をかぶるためのまげが
結えないことを嘆いている。
男子にとって
冠をつけるということが、
いかに誇らしいことであったか。

夫・**妻**は結婚式のときの正装した男女の晴れ姿を示す字である。

妻は髪飾りを整えた女の形。頭上に三本の簪《かんざし》を立ててさし、それに**手**(**又**《ゆう》)をそえて髪飾りを整える女の姿である。

夫は髷《まげ》に簪《かんざし》を通している男の形。**大**(手足を広げて立っている人を正面から見た形)に**一**を加えて、頭上の髷に簪をさして正装している姿を示している。

正装した夫婦の
晴れ晴れしい姿。
ふたつならべて
横に書くと、
そのまま記念写真のよう。
それぞれ、簪《かんざし》が
印象的だ。

妻

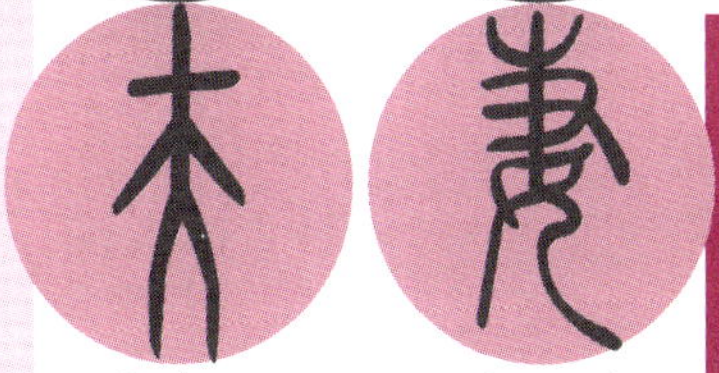

サイ
つま
象形

夫

フ・フウ
おっと
象形

六　古代の死生観

生まれたときにどこかからやってきた霊は、
その宿っていた肉体の死によって、
またどこかへと立ち去っていくとされた。
人は生まれてきたからにはかならず老い、そして死んでいく。

生きていくことが神に近づいていくことだとしたら、
老いることは、人としてかなり高いステージに立つということだ。
そして死もまた同じように、人生においての大切なステージと考えられていた。
霊が肉体から離れ、新たな未知の世界へと旅立っていく。
出生のときと同様の、またはそれ以上の、厳粛な儀礼で送りだす。

長髪の人を横から見た形。長髪であるから「ながい、ながさ、たけ」の意味となる。長髪の人は老人であり、氏族の指導者としてたっとばれたので「かしら、たっとぶ」の意味となり、長者・長上・長老・会長・社長のようにいう。

長

チョウ
ながい・かしら・たけ
象形

李白《りはく》が詠《よ》んだ
「白髪三千丈《はくはつさんぜんじょう》」とは、
実際にはありえない長さだけれど、
その誇張ゆえに、
積年の愁いの深さが読みとれる。
年老いた人の
長い長い白髪には、
その人の一生の物語が
図書館のように
おさめられているのだ。

孝

コウ
おやおもい
会意

考

コウ
かんがえる・ちち
形声（音符は丂《こう》）

孝は、耂（老を省略した形）と子とを組み合わせた形。耂は長髪の老人を横から見た形である。これに子をそえて、子どもが老人によく仕えるの意味となり、「親おもい、孝行」をいう。孔子以前の周王朝時代の青銅器の銘文（金文）では、孝はよく祖先に仕え、祖先をまつるという意味に使われることが多かった。

耂に音符の丂《こう》を加えた字が考である。亡父（なきちち）が考のもとの意味である。……「かんがえる、くらべる、しらべる」という意味は校《こう》と音が同じで、通用の意味である。

老

ロウ
おいる・ふける・としより
会意

老は、耂と匕《か》とを組み合わせた形。耂は長髪の人を横から見た形で、長髪の垂れている形。匕は人を逆さまにした形で、横たわっている死者の形。この字の場合は死に近いという意味を示している。長髪の年老いた人を老といい、「おいる、おいぼれる、としより」の意味に用いる。


耂の形は日本では、「おいがしら」「おいかんむり」などと呼ばれる。

古代文字を見ないとわかりづらいが、じつは「寿」も、この形をもつ字。長寿を祈る字だそうだ。

「耆寿《きじゅ》」とは、徳と人望のある老人をさすことば。

耂には、おとしよりへの尊敬の心があらわれているように思う。

「耄碌《もうろく》」という語もあるけれど。

卒

象形

ソツ
しぬ・おわる・ついに

衣の襟《えり》を重ねて結びとめた形。死者の衣の襟もとを重ね合わせて、死者の霊が死体から脱出することを防ぎ、また邪悪な霊が入り込むことを防いだものとみられる。それで「しぬ、おわる、つきる、ついに」の意味となる。息をひきとると、とり急ぎ襟もとを重ね合わせるので、卒然のように「にわかに」の意味に用いる。

臨終に際し、
意識がなくなると、
新しい衣を着せたのだという。
「卒」は、死者に着せる衣の形。
その衣には
死者の霊が移るとされた。
生まれたときに
霊を憑《よ》りつかせる
衣(産着)は「褓《むつき》」(032ページに)。

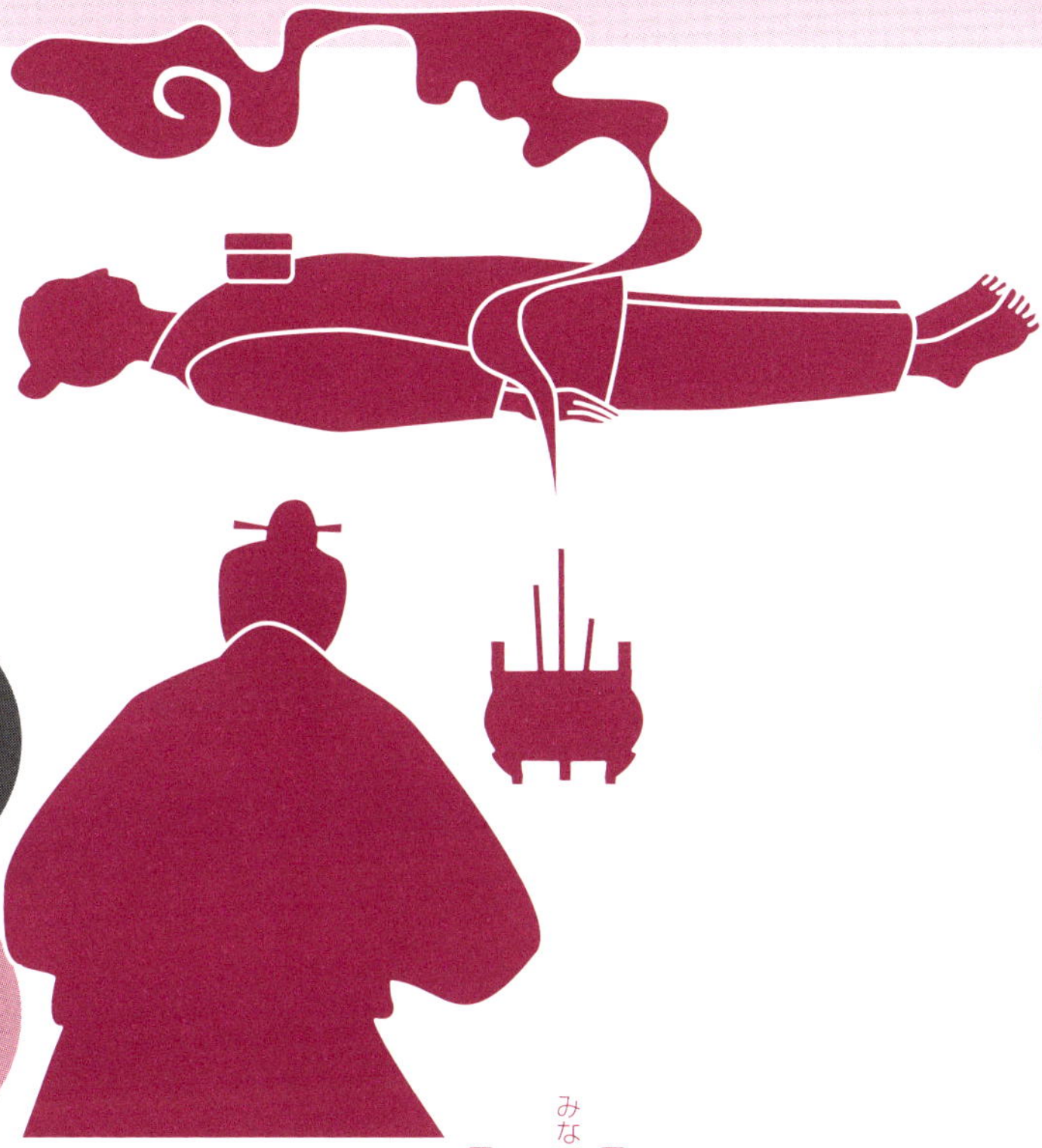

哀

アイ
あわれ・あわれむ・
かなしい
会意

衣と**口**とを組み合わせた形。**口**は𠙵《さい》で……
祝詞《のりと》を入れる器の形である。
人が死ぬと、死者の**衣**の襟《えり》もとに𠙵をおいて
お祈りをする。こうして死者をあわれみ、死
者の魂をよびかえす儀礼を**哀**といい、「あわれ、
あわれむ、かなしい」の意味に用いる。

死者をまえに
みなで哀れみ、悲しみ、
おおいに泣くのだろう。
死者の魂を呼びもどすために。

葬儀に「泣き女」を招く風習が
残っている国や地域もある。
そのような人に号泣してもらい、
みんなでせいいっぱいに悲しむのだ。

環

カン
たま・たまき
形声（音符は睘《かん》）

睘《かん》は死者の衣裳の襟《えり》もとに死者の霊に力をそえる玉《ぎょく》（○）をおき、上に生命の象徴としての目をかく形で、死者が生き還《かえ》ることを願う儀礼をいう。
この儀礼のときに使う玉を環といい、「たま、たまき」の意味となり、円い形であるから、「めぐる」の意味となる。

魂が戻ってくることを願い、
襟《えり》もとに「環」を置く。
ふたたび目を開けるようにと、
この文字の上のほうには「目」を加える。
実際、目をかたどった玉器でも
置いたのだろうか。
古代の人にとって
目は生命のあかし。
すごく大きな目を
置いたのかもしれない。

死者はもう戻ってはこない。
「遠」は、死者を送りだすために、
枕もとに足の形を配した字。
くつかわらじか、
死者が歩きやすいものを
置いたのかもしれない。

こうした儀礼は、
人が遠くへ出かけるときにも
おこなわれたという。

遠

エン・オン
とおい
形声（音符は袁《えん》）

袁《えん》は死者の衣の襟もとに……**玉**《ぎょく》（○）をおき、枕もとに**之**《し》（足あとの形で、行くの意味）を加え、死者が死後の世界に旅立つのを送ることを示す字。……**袁**に**辵**《ちゃく》**（辶・辶）**を加えた**遠**は、遠くへ行くの意味を表し、「とおい」の意味となる。

魄

ハク

たましい・からだ・しろい

形声（音符は白《はく》）

魂は、云《うん》と鬼とを組み合わせた形。云は雲のもとの字で、雲気の形。鬼は死んだ人の人鬼で、霊となって霊界にあるものをいう。

人のたましいは、死後に雲気となり、霊界に入るものとされた。これに対して、身は死んで形骸《けいがい》（骨）となってその姿が残る。これを魄《はく》（たましい。からだ）という。白は白くなった頭骨の形である。魂は「こころ」の意味にも使い、魂胆・詩魂・商魂のようにいう。

生きているあいだ、
魂と魄は離れることなく
陰陽のバランスを保っているのだけれど、
死ぬと二つは分離して、それぞれ
天と地に帰ってゆくのだという。

鼻から吸い込まれた天のエッセンスから
つくられる「魂」は陽の気。
一方、地上の生産物を口からとりいれて
つくられた肉体と不離の「魄」は、陰の気だといわれている。

魂

コン
たましい・たま
会意

［コラム］――

古代世界と文字の形

漢字は、山や川や石や木など、ものの形をそのままに写しとった絵のような文字だとよくいわれる。しかし、それだけでは、古代中国の深遠な世界を文字として表すことはできないだろう。

あらゆるものに霊が宿ると考える神話的な世界を生きていた古代の人びと。大自然の威力を怖れ、超自然的な神霊の力を期待し、霊魂の存在を信じて暮らす。そこでは、霊がやってくることが生であり、霊が立ち去ることが死だったのだという。

漢字はそのような人びとの観念をもあらわし、またその世界観・宗教観・生命観にもとづいておこなわれた儀式や儀礼、習俗なども形にしている。

そこには現代の私たちの感覚からは、少しぞっとするような「呪《じゅ》」のイメージや闇の世界などが表現されているが、見えないものへの怖れがそのまま悪霊の存在とされていた時代のことなので、あたりまえともいえる。また逆に、心が洗われるような素朴な感性や美しい神秘の世界をも見ることができるのだ。

漢字を読み解くときは、そこに描かれた個々の形を正確に把握して、それらの組み合わせのルールについてじっくりと考えてみたい。なぜなら漢字は、背景と小道具や登場人物などのさまざまな要素が意味をもって舞台上に登場するお芝居の一場面のようなものだからだ。

また、現代の常識や感覚から少し離れて、「草木すら言問《ことと》う」といわれる精霊の棲む世界に想いをはせることで、さらに楽しく漢字を理解することができるように思う。

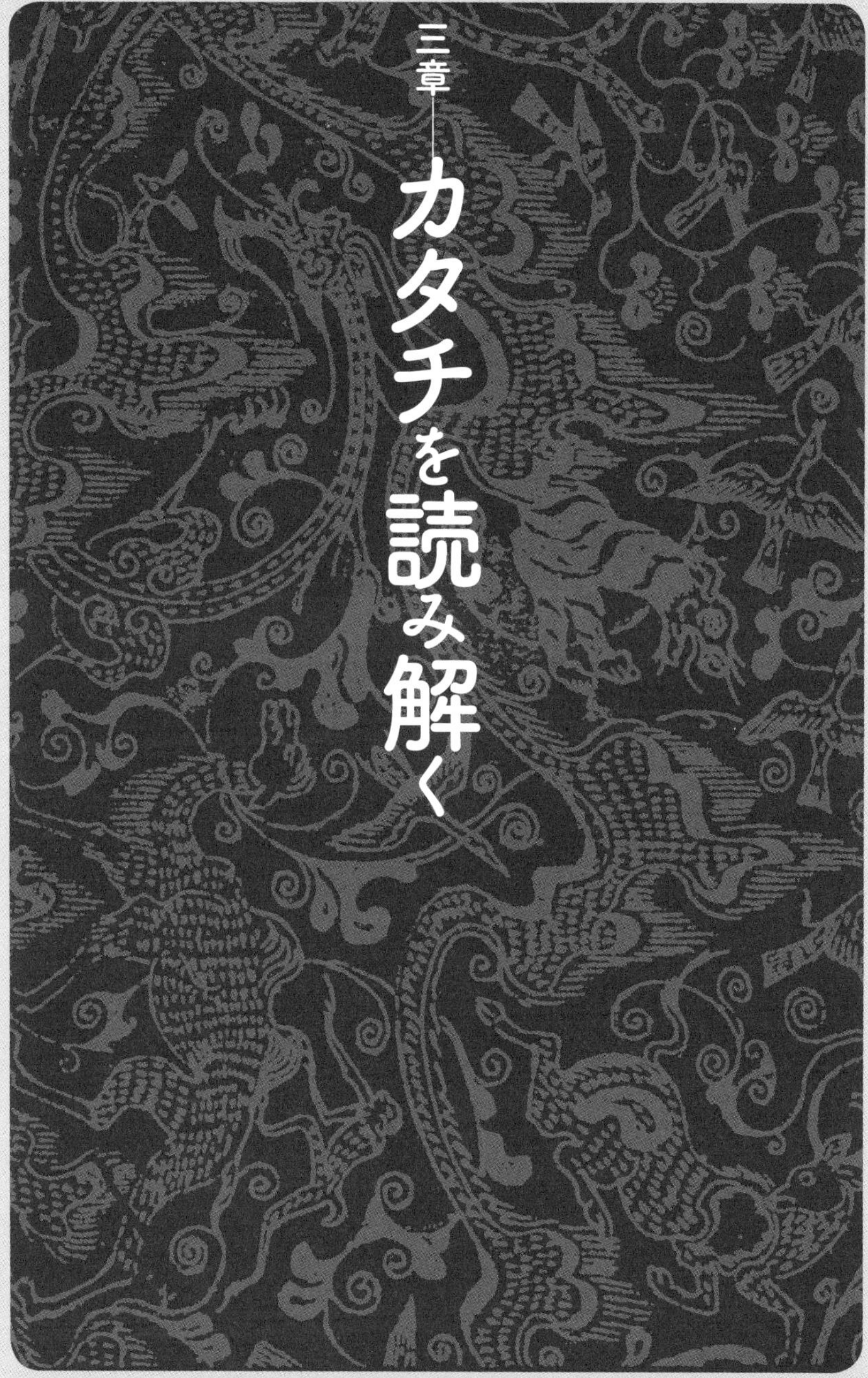

三章 カタチを読み解く

自

ジ
みずから・はな
象形

正面から見た鼻の形。自分自身をいうとき、自分の鼻を指さしたり、自分の鼻を押さえることは古くからのことであったらしく、**自**は「おのれ、みずから」の意味となる。……

自は鼻の形で、「はな」の意味であったが、おのれ、みずからの意味に用いられるようになったので、はなの意味の字として、**自**に鼻息《はないき》の音である**畀**《ひ》を音符として加えた形声の字である**鼻**が作られた。

「自」は鼻の象形。
鼻祖《ひそ》ということばがある。
中国で、胎生の動物は鼻から形ができていくと
考えられていたことから、
最初に物事を始めた人、元祖・始祖のことをいう。
自分を示すときに鼻をさすことと、
「まず鼻から……」という発想が、
どこかリンクしていて妙におかしい。

息

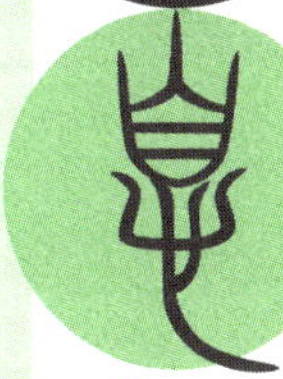

会意

ソク
いき・いこう・やむ

自と心とを組み合わせた形。自は正面から見た鼻の形。これに心を加えて、心の状態がいき、呼吸に表れることをいう。それで大息《たいそく》・太息《たいそく》、嘆息・歎息《たんそく》のようにいう。

「いき、いきする」の意味から、滋息・生息・利息のように、「いきる、ふえる」の意味となる。また、息肩・休息・息災・終息のように、「やすむ、いこう、やむ」の意味に用いる。

ヨガでも気功でも、
基本になるのは呼吸だという。
気息をコントロールし、
心身をととのえる。
心身が乱れると、呼吸が浅くなる。
呼吸器官である鼻に、
心を組み合わせた、「息」の文字。

又

ユウ
また
象形

又は、右手の形。指を出している右手の形で、右のもとの字である。

甲骨文字・金文《きんぶん》では「有り」の意味に用い、のち「また、ふたたび」の意味に用い、また「たすける」の意味にも用いた。みぎの意味には右を使った。

友

ユウ
とも
会意

又《ゆう》と又とを組み合わせた形。又は右手の形。手を取り合って助け合うの意味となり、助け合う人間関係の「と も、ともだち、なかま」の意味に用いる。また、ともとして「したしむ、まじわる」の意味に用いる。

「又」の形は右手をあらわす。
多くの文字のなかに、
この形がある。
取る、反《そ》る、及ぶ、収める、受ける。
たくさんの働きをする手。
そして、その働きをあらわす
いくつもの文字。

なにかを受け渡そうとしている
上の手と下の手。
爪の見える手と
爪の見えない手の
あいだに物を描いて、
授受をあらわす
古代の人のこのセンスのよさ！

受

ジュ
うける
会意

𠬪《ひょう》と舟とを組み合わせた形。𠬪は爪《そう》と又《ゆう》とを組み合わせた形で、爪と又は手であるから、上下の手を合わせた形。舟は盤の形。盤の中に入れたものを、上の手は与える手、下の手は受ける手である。それで上の手からいえば受《さず》ける、下の手からいえば受《う》けるの意味となり、甲骨文・金文ではその両方の意味に使っている。のちさずけるの意味の授が作られ、受は「うける」の意味にのみ用いる。

右
ユウ・ウ
みぎ
会意

左
サ
ひだり
会意

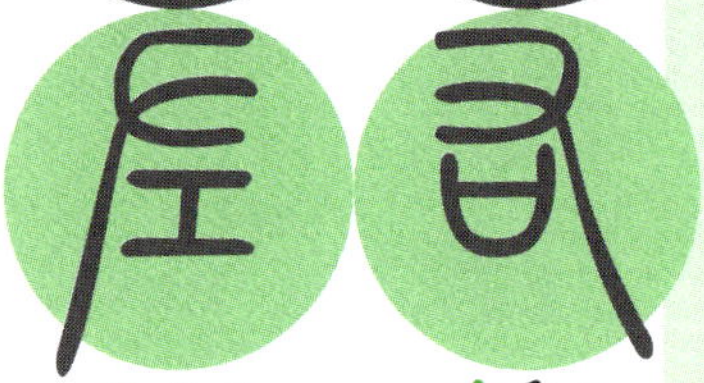

右は、又《ゆう》と口とを組み合わせた形。(又は右手、口は𠙵《さい》)

右手に𠙵を持って祈り、神のある所を尋ね、神の佑助《ゆうじょ》(助け)を求めることを右といい、「たすける」の意味となる。

左は、𠂇《さ》と工とを組み合わせた形。

𠂇は左のもとの字で、左手の形。

工は巫祝《ふしゅく》(神に仕える人)が祈りごとをするときに持つ呪具《じゅぐ》。

左右それぞれの手に
𠙵《さい》と工の呪具を持つ。
𠙵は祝詞《のりと》を入れる器。
「工」は工具ではなく、
工の形をした呪具だという。
その形が、どうもいまひとつわからない。
月のウサギの竪杵《たてきね》であるとか、
西王母の髪飾りであるとか、
糸巻きの形とか、
「かせとり棒」であるとか……?
中国の古い画像石(遺物)からは、
いろいろな形が見えてくるのだけど。

左と右とを組み合わせた形。

……神に祈るとき、工と𠙵《さい》を持った両手で舞いながら神のあるところを求め尋ねるのである。左と右とを上下に組み合わせた形が尋で、神を「たずねる」の意味となる。のちすべて「たずねる、さぐる」の意味に用いる。

尋は左右の手をひろげた長さの「ひろ」の意味にも用いる。

両手に呪具を持ち、
舞いながら、
歌うように祝詞《のりと》を唱え、
神のありかを求め尋ねる姿。
暗闇のなか、手探りで、
「ここですか？ そこですか？」と
姿の見えない神を探し求めた形。

尋

ジン
たずねる・ひろ
会意

問

モン
とう・とい
会意

門と口とを組み合わせた形。口は𠙵《さい》……。門は神を祭る戸棚の両開きの扉の形。その扉の前に𠙵を置いて祈り、神意を問い、神の啓示を求めることを問という。神意を「とう」ことから、のちすべて「とう、とい、たずねる」の意味に用いる。

廟《みたまや》の扉のまえに𠙵《さい》を置く形。
それは、祈りに応えて
なにかのしるしを見せてほしいと
切望する問いの形。

暗

暗のもとの字は闇《あん》で、門の中で音を発することを示す。……

(祈りに対して)神棚の前の𠙵《さい》の中から、夜中に神の声、神の訪れの音がすることを表現したのが闇の字である。神意は夜中にかすかな物音で暗示されるので、闇(暗)は「やみ、くらい」の意味に用いる。

闇

アン
くらい
形声(音符《おんぷ》は音《おん》)

誓いの器の上に大きな針をのせて
祈るのが「言」(028ページ)。
祈りに神が応えてくれるとき、
その器のなかでかすかな
音がする。
その形が「音」。
夜中、門の前で
神の「音《おと》ずれ」を待つ。
「暗闇」は、
神のあらわれるところだった。

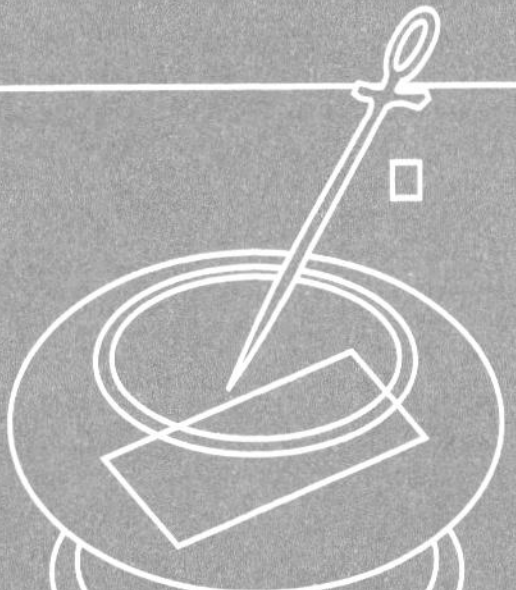

止と人(儿《じん》)とを組み合わせた形。止は足あとの形で、古い字形は之《し》(ゆく)と同じで、ゆくの意味となる。人の上に止を加えて、行くという意味を強調し、先行の意味となる。……のち「さき、まえ、さきに、まず」の意味となり、その意味を時間の関係に移して「むかし、以前」の意味となり、先賢・先祖という。また未来のことについても、先見・先知のようにいう。

先

セン
さき・まず
会意

「先」は、殷《いん》の時代の
「先行の儀礼」からできた字。
それは危険な役割を意味していた。
行軍のときなど、
道を祓《はら》うために人を先に行かせて
安否を確認する。
その役割を異族や身分の低い人、
特定の職能者などに
おわせたという。

洗

セン
あらう
形声(音符は先《せん》)

先《せん》に足のさきの意があり、洗は足をあらう意。古い時代には旅から帰ると、まず足を洗い清め、他の地で付着した穢《けが》れを祓《はら》う風俗があり、唐代の杜甫《とほ》の詩「彭衙行《ほうがこう》」に、「湯を煖《あたた》めて我が足を濯《あら》ふ」の句がある。

旅から帰るとまず足を洗い清める。
爪も切る。
邪霊を祓《はら》いながら
道を進んだという
「道」や「導」の字源を思うと(019ページ)、
そうした習俗がさらにリアルに感じられる。

「前」は、足の指先の意味から
前後の「前」に
なったのだという。

前

ゼン
まえ
会意

もとの字は(歬《せん》または歬+刀で)止と舟と刀とを組み合わせた形。……舟(月)は盤の形。盤中の水で足(止)を洗い、さらに刀(刂《りっとう》)を加えて足指の爪《つめ》を切り揃《そろ》えることをいう。爪を切るのは、旅立ちの前や旅から帰還したときに行う穢《けが》れを祓《はら》う儀礼であった。

前が「すすむ、まえ」の意味に用いられるようになって、前にまた刀を加えて剪《せん》(きる)となり、手を加えて揃《せん》となった。

身

シン
み・みごもる・からだ
象形

妊娠して腹の大きな人を横から見た形。……同じく「はらむ」の意味の孕《よう》は人の大きな腹の中に子がいる形である。……身は「みごもる」の意味から、のち「からだ、みずから」の意味に用いる。

「身」の古代文字は、
妊婦さんのふくらんだお腹を
強調している。
下腹部あたりの横棒は、
腹帯かなにかを
あらわしているのだろうか。
もし、私が産科のお医者だったら、
妊娠している人のカルテには
この古代文字をデザインした
スタンプを押したい。

包

象形

ホウ

つつむ・はらむ

人の腹の中に胎児のいる形。勹《ほう》は横から見た人の形。巳《し》は胎児の形で、上部は頭の形であるから、常用漢字の字形のように己《こ》(直角に曲がった定規に似た道具の形)の形になると胎児の形でなくなってしまう。「はらむ(妊娠する)」の意味から、「つつむ、いれる」の意味となる。

「包」のなかの「己」が
ほんらい胎児の形であったのは、
古代文字を見るとよくわかる。

同じく勹《ほう》のある
「句」の字は、身を曲げた死者に
𠙵《さい》をそえた字だという。

今は、もと象形の字で、壺形《つぼがた》の器や瓶《びん》の蓋《ふた》の形。下部に栓《せん》のついている蓋で、きのこのような形である。……（この字を）「いま」の意味に用いるのは、その音を借りて用いる仮借《かしゃ》の用法である。

今

コン・キン
いま
仮借

吟

ギン
うたう
形声（音符は今《きん》）

今《きん》は壺型の器に栓のついている蓋をする形で、口を狭めて静かに声を出すことを吟という。

「今」が、もとはきのこ型をした容器の栓《せん》付き蓋《ぶた》だと知ると、これまで無関係に見えていた文字がつながってくる。「飲」のもとの字は㱃で、ここにも蓋の「今」がある。「酉」は酒樽《さかだる》。「欠」は、人が口を開けて飲もうとしている形。「今」のある字を探してみるのも面白い。

含

ガン
ふくむ
会意

今と**口**とを組み合わせた形。
今は栓《せん》のある蓋《ふた》の形、**口**は𠙵《さい》で、祝詞《のりと》を収める器の形。蓋をして祈りの呪能《じゅのう》を内に含ませることを**含**という。

含は人が死亡したとき、その死気が抜け出ることを防ぐために、玉《ぎょく》を口に含ませて蓋をすることで、「ふくむ、ふくませる」の意味となる。その玉を含玉といい、死者の復活を願う意味で蟬《せみ》の形の玉を使った。

陰

イン
かげ
形声（**音符は侌《いん》**）

陰陽の「陰」のもとの形は侌で、「今」＋「云」。雲気・霊気を閉じこめている形だそうだ。

一方、「陽」の右半分は、玉《ぎょく》（日）から光が放射している形だという。

それぞれ、あとから加わったというこざとへんは、神が上り降りするはしごをあらわしている。

皿

ベイ
さら
象形

浅く平たい皿の形。皿の中に丶を加えて血のある形は血。皿の上に水が溢《あふ》れている形は益(益)で、溢《いつ》のもとの字である。皿(盤)に水を入れて、自分の姿を映している形は監で、水鏡《みずかがみ》をいう。盃《さかずき》から監《かがみ》・盥《かん》(たらい)に至るまで、水に関する大小の器はことごとく皿の形で示される。

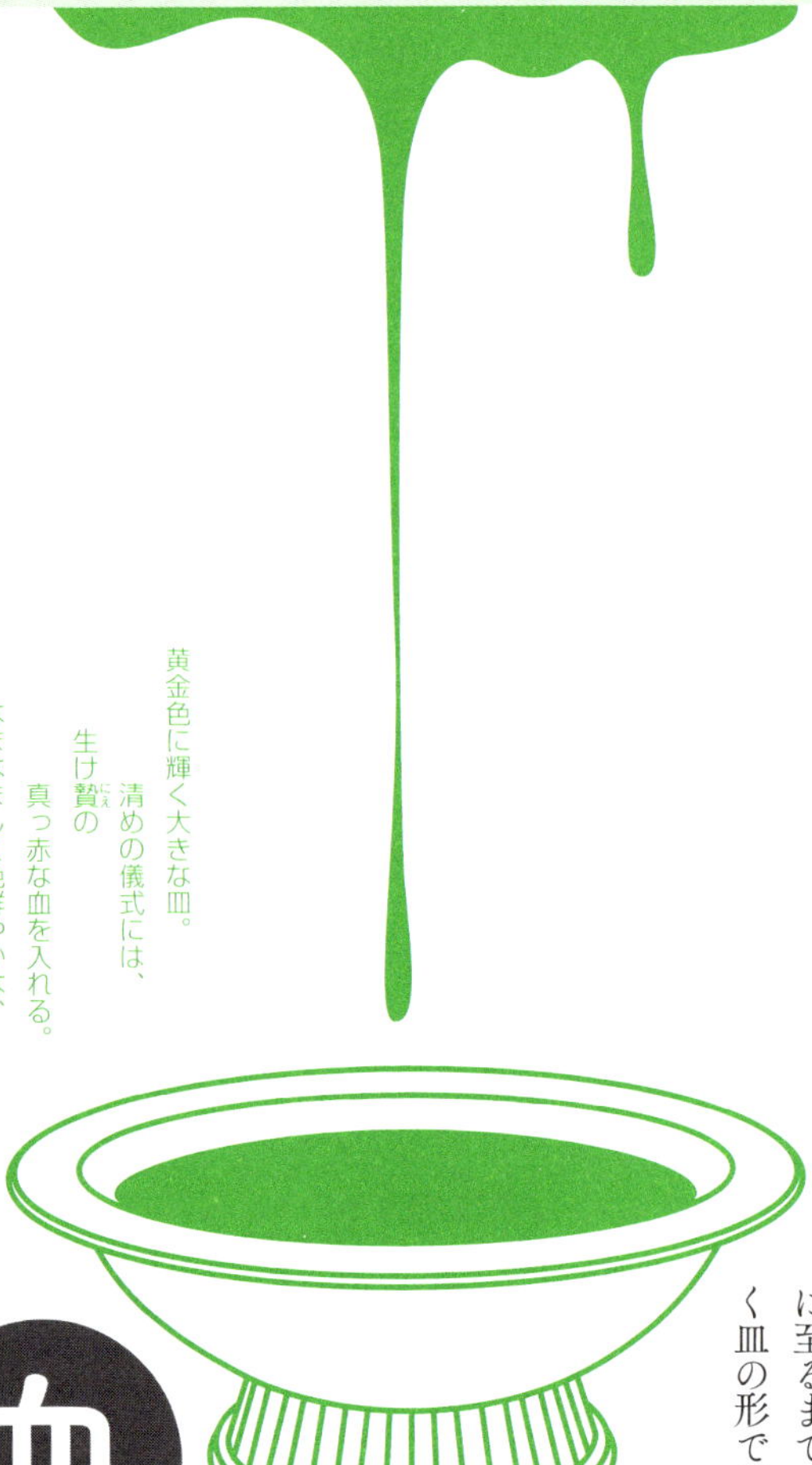

黄金色に輝く大きな皿。
清めの儀式には、
生け贄《にえ》の
真っ赤な血を入れる。
なまなましく色鮮やかな、
古代中国の儀礼の光景。

血

ケツ
ち
会意

盟

メイ
ちかう
会意

明と**血**とを組み合わせた形。**明**は窓から月明かりが入りこむことをいい、その窓のところに神を祀《まつ》った。神の前で**血**を歃《すす》って誓うことを**盟**といい、「ちかう、ちかい」の意味となる。周代には何か重大な疑惑のあるとき、盟誓して潔白を誓い、また諸侯が十二年に一度会して互いに盟《ちか》う定めであった。

しんとした夜、
窓からさしこむ
ひとすじの月明り。
皿のなかにはまだ生温かい
生け贄《にえ》の血。
その赤い血をすすり、
神明に誓う。

正

会意

セイ・ショウ

ただしい・ただす・まさ

一と止とを組み合わせた形。一はもと口《い》に作り、城郭で囲まれている邑《まち》。止（足あとの形）の古い字形は之《し》（ゆく）と同じで、行くの意味がある。正は城邑《じょうゆう》に向かって人が進む形で、攻める、攻めて征服するの意味となる。正は征のもとの字である。

征

形声（音符は正《せい》）

セイ

うつ・ゆく・とる

征服して征服地の人から税をとることを**征**といい、その支配の方法を**政**という。征服した人びとに重圧を加えて税の負担を強制することを**政**といい、そしてそのような行為を**正**当とし、**正**義としたのである。それで（正は）「ただしい、ただす」の意味となり、純正のようにも用いる。

正・征・政の字は、
ひとつながりの意味をもっている。
それらは征服や支配から
生まれた文字だった。
正しさが、支配する者によって
つねに変わることを
納得してしまう文字のはじまり。

政

セイ・ショウ
まつりごと
形声（音符は正《せい》）

攴《ぼく》（攵）はうつ、むちでうつの意味である。……もとは貢ぎ物や税金を取ることが、**政**治（まつりごと）、治めることのおもな内容であった。

吉は、士と口とを組み合わせた形。

士は小さな鉞《まさかり》の頭部を刃を下に向けた形で、鉞は邪悪なものを追い払う力を持っていると考えられていた。口は𠙵《さい》で、祝詞《のりと》を収める器の形。

𠙵の上に神聖な鉞を置いて、祈りの効果を守ることを示しているのが吉である。

鉞によって祈りの効果がよい状態になると、祈りが実現して人々はしあわせになり、めでたくなる。それで、吉には「よい、しあわせ、めでたい」という意味がある。

吉

キツ・キチ
よい・めでたい
会意

古

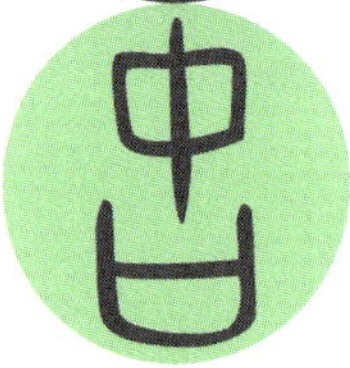

コ
ふるい・いにしえ
会意

祈りの効果を持続させるため、祝詞《のりと》を収めた𠙵を厳重に守るさまざまな形。
兵器をのせるという方法が、願いの強さを感じさせる。

守られた呪能《じゅのう》を破るのが、「害」「舍」（捨）の字だという。
古い字形では、どちらも長い刃で、𠙵を突き刺す形に書かれている。

固は、口《い》と古とを組み合わせた形。古に口《い》（かこい）を加え、祈りの効果を守りかためるのが固（かたい）である。

会意

コ

かためる・かたい

古は、十と口とを組み合わせた形。十は干《かん》（長方形の盾《たて》の形）を省略した形。口は𠙵。……この器の上に聖器としての干《たて》を置いて𠙵を守り、祈りの効果を長い間保たせることを古といい、「ふるくからのもの、ふるい、むかし、いにしえ」の意味となる。

者

シャ
もの
会意

交叉させた木の枝と曰《えつ》とを組み合わせた形。曰は……𠙵《さい》の中に祝詞《のりと》がある形。

曰の上に木の枝を重ね、土をかけて、お土居《どい》(土の垣。土塁)を作る形が者で、お土居、土塁の意味となり、堵のもとの字である。古い時代の集落は、その出入口以外はこのお土居で囲んで外からの襲撃に備えた。お土居の中には、お札《ふだ》のように曰が埋められている。……

「お土居、かくす」が者のもとの意味であるが、のちには「もろもろ(諸)、もの(人)」の意味に用い、医者・学者・使者・若者のようにほかの語の下につけて用いる。

書

ショ
かく・ふみ
会意

聿《いつ》と者（者）とを組み合わせた形。聿は筆を手（又《ゆう》）に持つ形で、筆をいう。……古い時代には邑《ゆう》（集落）の周囲をお土居で囲んで……曰《えつ》を埋めて呪禁《じゅきん》とした。そのお札にしるした神聖な文字を書という。のち任命の書などをいう。

「文字には呪能《じゅのう》があり、
祝詞のもつ言魂《ことだま》的な力は、
ここに安定的に宿るものとされた。
文字は言魂をその形のうちに
定着させる力をもつと
考えられたのである」（『字統』）

「者」が曰《えつ》を埋めた土の垣で、
「書」はそこに隠されたお札《ふだ》の文字。
一見、意外に思えるけれど、
それぞれの字源を知ると、
絵になる形が見えてくる。
周囲にめぐらしたお土居（者）で
守られた大きな邑《ゆう》（阝）が「都」。
土中の書によって、
侵入者を防ぐ呪力を
お土居につけることが「著」。
書をつくることを著作という。

もとの字は恖《し》に作り、音符は囟《し》。
囟はひよめき（幼児の頭蓋骨の縫合部分）の形で、その中は考える働きをする脳のあるところであるから、心を加えて心に「おもう、かんがえる」の意味となる。

思

シ
おもう・かんがえる
形声（音符は囟《し》）

思《おも》う、念《おも》う、想《おも》う、懐《おも》う、憶《おも》う。
さまざまに「おもう」心をあらわす文字の形とその風景。

おもう

◉おもう、かんがえる、おもんぱかる。
◉ねがう、のぞむ。

思考、思惟、思索、思想、思慮、思念、思慕、意思、沈思……。

（『字通』〈平凡社〉より。以下同）

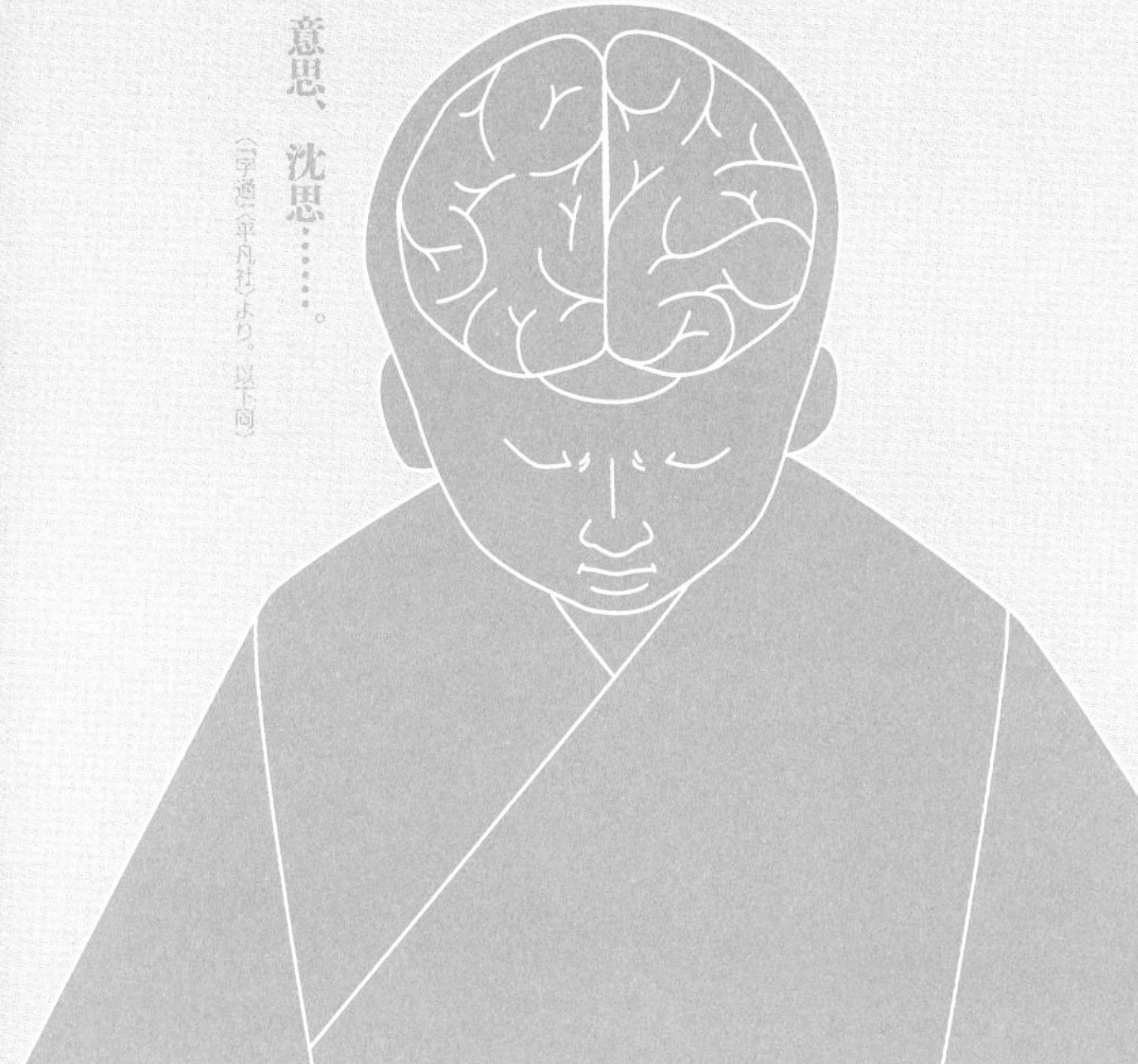

今《きん》は栓《せん》のついている蓋《ふた》の形。……

心は心臓の形。

蓋をして中のものを閉じ込めるように、心中に深くかくす、心中に深く思うことを念といい、「おもう、おもい、こころ」の意味となる。

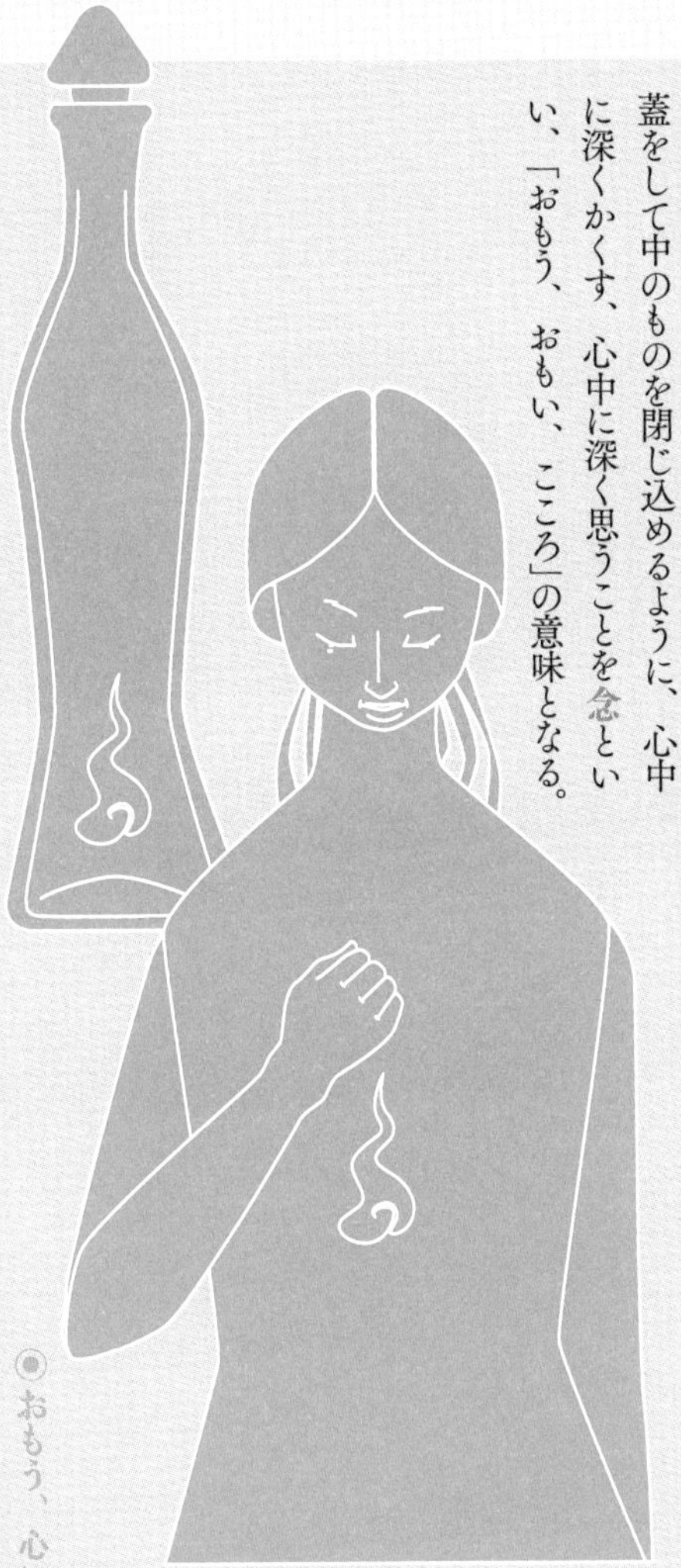

念

ネン
おもう・こころ
形声（音符は今《きん》）

◉おもう、心にふかくおもう、おもいこめる、おもいめぐらす。

◉こころ、おもい。


念慮、想念、一念、祈念、概念、観念、理念、疑念、失念、邪念、雑念、入念……。

想

ソウ
おもう
形声（音符は相《そう》）

相はおい茂った木の姿を見ることによって、見る者の生命力を盛んにする魂振《たまふ》りの儀礼をいう（074ページ参照）。これを他の人に及ぼして、「おもう」ことを想という。それで遠く想《おも》いを馳《は》せる、思いやるの意味があり、想像のように用いる。のち、想念・思想の意味となる。

◉おもう、おもいうかべる、おもいしたう、ねがう、おもいめぐらす。
◉かんがえ、おもわく。

想像、回想、追想、感想、着想、構想、
思想、理想、夢想、瞑想、予想、仮想、連想、空想、幻想、妄想……。

◉おもう、おもいおこす、あわれむ。
◉心にいだく、こころ、ふところにする、心につつむ。
◉なつかしく思う、なつかしむ、なつく、やすんずる。

懐古、懐疑、懐柔、懐中、懐妊、懐石、感懐、述懐、本懐……。

懐

カイ

おもう・いだく・なつかしむ・なつく

形声（音符は褱《かい》）

もとの字は懐に作り、音符は褱《かい》。褱は衣の中に眔《とう》(目から涙が垂れている形で、涙の意味となる)を加えている形で、死者の襟《えり》もとに眔《なみだ》を注いで、死者を懐《なつ》かしみ懐《おも》うことをいい、死者を弔《とむら》うときの悲しみ惜しむ哀惜の思いを懐という。

それで懐古のように、過去をなつかしく懐う意味にも使うが、心のうちにおもうこともいう。「なつかしむ、なつく、おもう、いだく、ふところ」の意味に用いる。

憶

オク
おもう
形声（音符は意《い》）

◎おもう、はかる。◎おぼえる。
記憶、追憶……。

意《い》に**憶**《おく》（おもう）・**臆**《おく》（おしはかる）の音がある。

意は**音**と**心**とを組み合わせた字で、**音**は祈って神意を問うのに答えて、神が夜中にかすかな音を立てて神のお告げを知らせることをいう。

音《おと》によって示された神意を心の内に思いはかることを**意**・**憶**という。また経験したことを記憶し、その記憶したことを思い出すことをも**憶**といい、「おもう、おぼえる」の意味に用いる。

臆《おく》は臆度《おくたく》（おしはかること）のように、おしはかる、推量するの意味に使う。

本書は白川静著『常用字解』『新訂 字統』（ともに平凡社刊）をもとに、絵を構想したものです。字書の内容を曲げないよう努めたつもりではありますが、だれも見たことのない古代世界を絵にするにあたって、著者の意図したものとはずれてしまったところもあるかもしれません。そうした点については、すべて私の責任であることをご了解ください。——金子都美絵

あとがき

私が白川静さんの字書や書籍を読みはじめたのは十年ほどまえです。

それまでもその存在や功績は知ってはいましたが、実際に読んでみて「白川文字学」のおもしろさ、その時空を超えた世界観にすっかり嵌《はま》ってしまいました。

白川さんは、「もしこの文字の背後に、文字以前の、はかり知れぬ悠遠なことばの時代の記憶が残されているとすれば、漢字の体系は、この文化圏における人類の歩みを貫いて、その歴史を如実に示す地層の断面であるといえよう」（『漢字』）といいます。

漢字には三千年以上もまえの人びとの暮らしや考え方がぎゅうぎゅうにつまっていて、しかも恐ろしいことに、多少の形の変化こそあれ、文字の示す記号的要素はいまの漢字とほとんど変わらず、私たちはいまでもその指し示す意味を知ることができる。まるで夜空の同じ星座を見るがごとく、私たちは古代の人びとと同じ文字を使っているのです。

私は美味しい日本酒を飲むようにどんどん「白川静の世界」に酔ってしまい、とうとう、字書を読んでその読書感想画を描くようになります。

「あなたに見えているのはこんな世界でしょうか？」と言って、白川さんに見ていただきたかったのでした。

しかし、描きはじめたら、そこにはいくつもの問題が見えてきました。わからないことが多すぎる。ものの形も、人の姿も、いちいちわからない。いままでの人生で考えられないくらい多くの本を読んではみても、とにかく頭が悪すぎる。

TSU

資料を探しながら、横道にそれながら、裏道に迷い込みながら少しずつでも形になってきたころ、白川さんがお亡くなりになりました。

絵を見ていただく夢は叶わないものになってしまったけれど、四半世紀来の友人でもある太郎次郎社エディタスの北山理子さんのびっくりするほど前向きな熱意と同社のみなさんのはげましのおかげで、このような本としてまとめることができました。

ところが、この本を構成するにあたっては、ひとつ大きな問題がありました。

私は字書の文章をそのままに提示したかった、あくまでも字書ありきの読書感想画としたかったのです。が、それは諸々の事情によりとても無理な話のように思われました。

しかし、白川さんのご遺族と版元の平凡社のみなさまのご厚意によって、そのわがままな要請を快諾していただき、こうして本にすることができました。また、津崎幸博さんには制作当初のころから多くのご教示をいただきました。どうもありがとうございました。うれしかったです、心より感謝いたします。

またお忙しいなか、巻頭にすばらしい文章をご執筆くださった松岡正剛さん、素敵で周到な造本設計をしてくださった佐藤篤司さん、紙面を借りて厚くお礼申し上げます。

そしてなんと言っても白川静様、私は描けば描くほど混乱しています、質問したいことがいっぱいあります。

むこうの世界でもたくさんの書物の海のなかで、山海経にでてくるような神様たちに囲まれながら楽しく遊んでいらっしゃるのでしょうが、ときどきはこちらの世界に降りてきていろいろと教えてください。どうぞよろしくお願いいたします。

二〇一〇年六月　　金子都美絵

絵で読む漢字のなりたち

白川静文字学への扉

二〇一〇年七月十五日　初版発行
二〇一六年十月二十日　第五刷発行

作……………金子都美絵
文字解説…©白川静
造本…………佐藤篤司
発行所………株式会社太郎次郎社エディタス
東京都文京区本郷三―四―三―八階　郵便番号一一三―〇〇三三
電話〇三―三八一五―〇六〇五　FAX〇三―三八一五―〇六九八
http://www.tarojiro.co.jp/　電子メール tarojiro@tarojiro.co.jp
印刷・製本…凸版印刷株式会社
定価…………カバーに表示してあります
ISBN978-4-8118-0738-6 C0095

金子都美絵（かねこ・つみえ）

絵描き。東京造形大学卒業。専攻は絵画・銅版画。

「古事記」シリーズ、「スーホの白い馬」「つるの恩返し」など、民話や神話を題材にした作品を制作。

二〇〇〇年頃より白川静氏に私淑し、古代の漢字世界を描きはじめる。

書籍の仕事に、『白川静の絵本―サイのものがたり』（平凡社）、『漢字のなりたちブック』全6巻、『漢字がたのしくなる本』全6巻、『新版　一〇一漢字カルタ』（以上、小社刊）などがある。

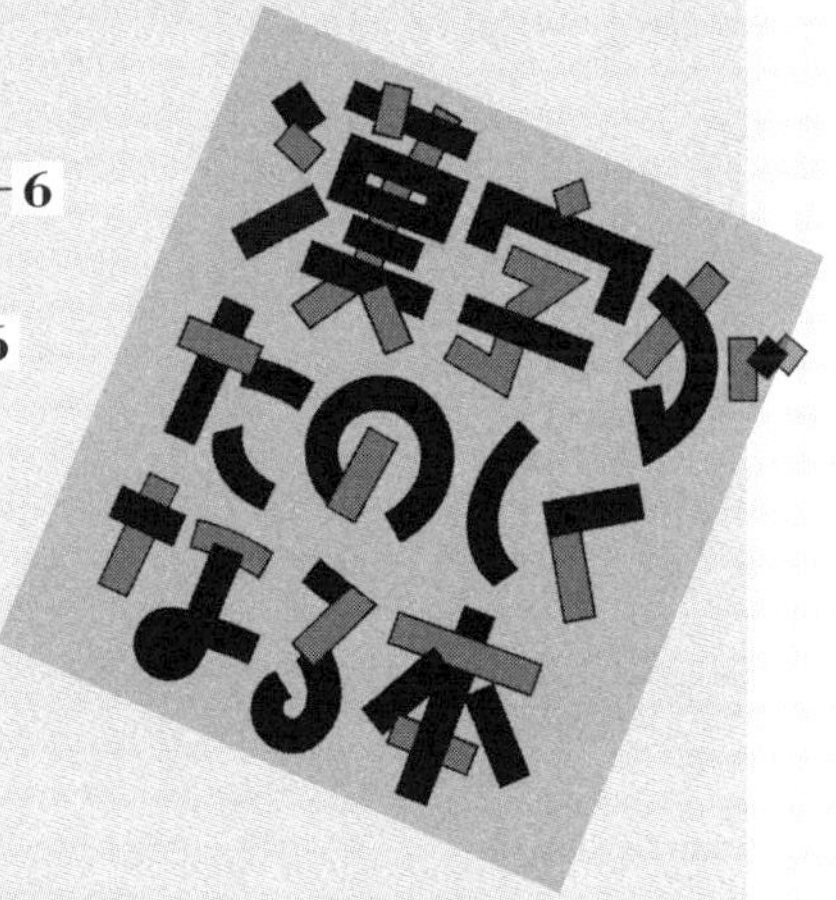
漢字がたのしくなる本